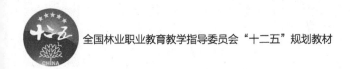全国林业职业教育教学指导委员会"十二五"规划教材

室内设计计算机效果图表现

主　编　孙成财
副主编　庞立丽　徐跃铭

中国林业出版社

内 容 简 介

本教材根据室内设计行业计算机效果图制作岗位知识与技能需求而编写。以职业能力培养为目的，突出以学生为中心的原则。编写遵循"任务驱动，项目导向"新理念，将教学内容进行项目化整合，每个项目再进行任务分解，层层相扣。从实际工作中选取了3个项目：家居空间设计、商业空间设计和办公空间设计。从中设置了8个教学任务：玄关设计效果图表现、厨房设计效果图表现、卧室设计效果图表现、客厅设计效果图表现、专卖店设计效果图表现、快餐店设计效果图表现、经理办公室设计效果图表现、会议室设计效果图表现。每个任务都以具体实例为载体，按工作过程来组织任务，采用行动导向贴近实际的过程进行教学，叙述深入浅出。教材系统收集整理了大量技术资料、图片等，具有内容翔实、丰富全面、编排合理、方便实用等特点。

本教材可作为高等职业教育室内设计技术、建筑装饰工程技术、环境艺术、计算机艺术等专业教材，也可作为各级成人教育室内设计类专业培训的教学用书，同时也可供相关专业技术人员自学和参考。

图书在版编目(CIP)数据

室内设计计算机效果图表现／孙成财主编. —北京：中国林业出版社，2015.6(2024.2重印)
全国林业职业教育教学指导委员会"十二五"规划教材
ISBN 978-7-5038-7857-2

Ⅰ．①室… Ⅱ．①孙… Ⅲ．①室内装饰设计－计算机辅助设计－高等职业教育－教材 Ⅳ．①TU238-39

中国版本图书馆 CIP 数据核字(2015)第 029734 号

中国林业出版社·教育出版分社
策划编辑：杜 娟
责任编辑：张东晓
电　　话：(010)83143557　83143529　　　传　　真：(010)83143561
E-mail：jiaocaipublic@163.com

出版发行	中国林业出版社(100009　北京市西城区德内大街刘海胡同7号)
	电话：(010)83143500
	网址：http://www.forestry.gov.cn/lycb.html
印　刷	北京中科印刷有限公司
版　次	2015年6月第1版
印　次	2024年2月第3次
开　本	787mm×1092mm　1/16
印　张	12.25　　彩插　0.5
字　数	328千字
定　价	39.00元

未经许可，不得以任何方式复制或抄袭本书之部分或全部内容。
版权所有　侵权必究

前 言

室内设计计算机效果图是室内设计师表达创意构思，并通过3D效果图制作软件，将创意构思进行形象化再现的形式。它通过对建筑空间的造型、结构、色彩、质感等诸多因素的忠实表现，真实地再现设计师的创意，从而沟通设计师与观者之间视觉语言的联系，使人们更清楚地了解设计的各项性能、构造、材料。

室内设计效果图起源利用彩色铅笔，马克笔，水彩水粉，钢笔的徒手绘制的设计方案。1993年出现了3D Max的前身3DS，后来逐渐发展为3D Max.X.X。同期出现了Photoshop的前身Photostyler，使后期图片处理成为可能。从此室内设计效果图逐渐走向计算机化，由于技巧套路的不断成熟，三维技术软件的不断更新，从业人员水平的提高，室内设计效果图基本可以与装修实景图媲美，设计效果图美感、色彩的搭配以及对材质的真实反映都上了一个台阶，迎接我们的是更漂亮、更真实的三维世界。

本教材作为教育部林业职业教育教学指导委员规划教材，依据我国当前高等职业教育中有关职业教育院校开设相关专业的实际情况，以及社会对本行业岗位知识与技能需要而编写。本教材理论知识以"必需、够用"为度，坚持职业能力的培养，体现职业教育的目标要求，具有以下几个特点：

1. 项目化教学，突出学生能力培养

本教材通过对室内设计行业效果图制作岗位能力的分析，根据岗位需要进行知识结构的重建；按照企业实际工作过程组织教学，选取企业典型实际工程项目组织教材内容；摒弃了纯软件的传统教学方式，将知识点和技能点贯穿于项目的实施过程中，遵循"任务驱动，项目导向"的新理念，设计了3个教学项目，8个教学任务。

2. 任务驱动教学模式，突出以学生为中心的理念

本教材依据任务驱动式教学模式调整编写思路，根据建筑装饰工程公司的典型工程，设置了8个工作任务，每个任务都有明确的目标，将贴近室内设计计算机效果图制作的主要技术分解并深入浅出地编写出来。教学中，

以工作任务为主线，学生以小组方式合作，教师为主导，学生为中心，充分调动学生学习的积极性、主动性，培养学生团队合作意识，突出以学生为中心的教学理念。

3. 模仿与创新结合，突出培养学生创新能力

利用计算机制作设计效果图，是一个不断模仿与创新的过程，通过模仿掌握软件使用的基本技能与技巧，在掌握基本能力的基础上，不断创新。本教材中使用的案例选自室内设计公司的典型案例，具有代表性，适应市场的需要。

4. 教学内容切合实际，突出典型工作任务

室内设计计算机效果图制作是一门技能型很强的课程，艺术与技术相结合，本教材教学内容的选取具有实用性，切合实际，通过典型的工作任务，提高学生的技能与创新能力。

本书由4所高职院校室内设计技术专业主讲教师合作编写，由孙成财负责制定教材的内容体系，具体的编写分工是：孙成财编写课程导入部分；王莹编写任务1.1；王佳编写任务1.2；崔莹编写任务1.3；孙红柏编写任务1.4；庞立丽编写任务2.1；金苗苗编写任务2.2；徐跃铭编写任务3.1；陈竹编写任务3.2。全书由孙成财、庞立丽统稿。

本书可作为高等职业教育室内设计技术、建筑装饰工程技术等专业教材，也可作为各级成人教育室内设计、建筑装饰工程专业培训的教学用书，同时也可作为相关专业技术人员自学和参考用书。一幅优秀的设计效果图，由技术、设计构思、审美、艺术修养等多方面因素决定，因人而异；加上作者编写水平有限，书中不可避免有纰漏，敬请读者批评指正。

孙成财

2014年10月

目 录

前 言

课程导入 室内设计计算机效果图概述 …………………………………… 001

0.1 计算机效果图概述 ……………………………………………………… 001
0.2 项目教学法概述及要求 ………………………………………………… 002

项目1 家居空间设计计算机效果图表现 …………………………………… 005

任务1.1 玄关设计效果图表现 ……………………………………………… 006
任务1.2 厨房设计效果图表现 ……………………………………………… 023
任务1.3 卧室设计效果图表现 ……………………………………………… 040
任务1.4 客厅设计效果图表现 ……………………………………………… 058

项目2 商业空间设计计算机效果图表现 …………………………………… 075

任务2.1 Chanel香奈儿专卖店效果图表现 ………………………………… 076
任务2.2 快餐店设计效果图表现 …………………………………………… 099

项目3 办公空间设计计算机效果图表现 …………………………………… 129

任务3.1 经理办公室设计效果图表现 ……………………………………… 130
任务3.2 会议室设计效果图表现 …………………………………………… 163

课程导入
室内设计计算机效果图概述

0.1 计算机效果图概述

设计效果图，无论是手绘效果图还是计算机效果图，都是设计完成后的表达手段，是设计作品完成后的效果展示，让人们事前能够看到设计作品的最终效果，供人们选择、比较。20世纪90年代之前，设计行业是利用手绘表现设计效果图进行交流与展示。20世纪90年代之后，随着计算机软件与硬件的发展，设计师都开始慢慢转向利用计算机辅助设计软件来表现设计的效果。

手绘效果图，能够快速表达设计思路和理念，设计师通过手绘，把握环境对象的空间、形态、材质、色彩特征，感受形态的尺度与比例、材质的特征与表象、色彩的统一与丰富，从而通过快速反复推敲与修改，创作出优秀的设计作品。

计算机效果图是高科技的产物，它的优势是高效、真实、工整，具有感染力，具有很强的"竞争力"。其表现如下：

0.1.1 应用广泛

随着科技的不断进步，利用计算机进行艺术设计的发展速度远远超过了人们的想象，如今计算机技术已广泛应用于工业设计、汽车设计、建筑学、平面设计、纺织品与服装设计等领域。

0.1.2 使用方便

不用成堆的颜料，无须庞大的案台，一只鼠标、一个键盘，面对显示器，利用设计软件，艺术家和设计师们便可以把设计内容表现得精确、规范、快速、高效。计算机技术相关科学的进步，改变了艺术家和设计师们的工作模式。

0.1.3 表现真实

由于计算机科技的发展，图形、图像精度的提高，计算机表现图中的预想与现实最接近，可以清晰如照片一样真实地反映未来成品的空间、光感、质感以及整体的环境氛围。多视角的模型、照片级的效果、真实的环境，是计算机效果图严谨、真实的、科学的表现，是科学技术型图纸的一种。制作计算机效果图的主要软件有AutoCAD、3ds Max、SketchUp、Photoshop等。

AutoCAD（Auto Computer Aided Design）是美国Autodesk公司1982年开发的用于二维绘图、详细绘制、设计文档和基本三维设计计算机辅助设计软件，现已经成为国际上广为流行的绘图工具，其广泛应用于土木建筑、装饰装潢、城市规划、园林设计、电子电路、机械设计、服装鞋帽、航空航天、轻工化工等诸多领域。

3D Studio Max，常简称为3ds Max或MAX，是Discreet公司开发的（后被Autodesk公司合并）基于PC系统的三维动画渲染和制作软件。其前身是基于DOS操作系统的3D Studio系列软件。在Windows NT出现以前，工业级的CG制作被SGI图形工作站所垄断。3D Studio Max + Windows NT组合的出现迅速降低了CG制作的门槛，首先开始运用在计算机游戏中的动画制作，后更进一步开始参与影视片的特效制作，例如X战警Ⅱ、最后的武士等。在Discreet 3ds Max 7后，正式更名为Autodesk 3ds Max，最新版本是3ds Max 2014。

3ds Max有非常好的性能价格比，它所提供的强大的功能远远超过了它自身低廉的价格，一般的制作公司就可以承受，这样就可以使作品的制作成本大大降低，而且它对硬件系统的要求相对来说也很低，一般普通的配置已经就可以满足学习的需要。

其次，3ds Max的制作流程十分简洁高效，可以使你很快上手，只要操作思路清晰，上手是非常容易的，后续的高版本中操作性也十分简便，操作的优化更有利于初学者学习。

再次，3ds Max在国内拥有最多的使用者，便于交流，教程也很多，如著名的火星人系列，很多人都是从读火星人才开始入门的，随着互联网的普及，关于3ds Max的论坛在国内也相当火爆，方便交流与讨论。3ds Max现已广泛应用于广告、影视、工业设计、建筑设计、三维动画、多媒体制作、游戏、辅助教学以及工程可视化等领域。

Adobe Photoshop，简称"PS"，是由Adobe Systems开发和发行的图像处理软件。Photoshop主要处理以像素所构成的数字图像。使用其众多的编修与绘图工具，可以有效地进行图片编辑工作。PS有很多功能，在图像、图形、文字、视频、出版等各方面都有涉及。

Photoshop的专长在于图像处理，而不是图形创作。图像处理是对已有的位图图像进行编辑加工处理以及运用一些特殊效果，其重点在于对图像的处理加工。

本教材综合运用上述3个软件进行室内设计效果图的制作与表现，其他软件不在此介绍。

0.2 项目教学法概述及要求

项目教学法是师生通过共同实施一个完整的"项目"工作而进行的教学活动。在职业教育中，项目是指能够设计一件作品、生产一件产品、完成一份市场调研报告等。它应该满足以下条件：

①该项工作具有明确的任务说明，成果具有一定的应用价值，在项目工作过程中可学习一定的理论知识。

②能将教学中的理论知识与实践技能结合在一起。

③与企业实际生产过程或商业经营活动有直接联系。

④学生可以独立进行计划，在一定时间内可以自行组织、安排自己的学习行动。

⑤有明确具体的成果展示。

⑥学生自己克服、处理在项目工作中出现的困难和问题。

⑦具有一定的难度，不仅是已有的知识、技能的应用，而且还要求学生运用已有知识，在一定范围内学习新的知识技能，解决过去从未遇到过的实际问题。

⑧学习结束后，师生共同评价工作成果和学习方法。

项目教学法主要强调以下几个重点：

(1) 强调以项目作品或项目任务为引领组织教学

传统教学往往以系统的学科知识为逻辑主线组织教学，重点关注"是什么""为什么"等一系列知识。而项目教学从根本上扭转了教学的重心，以项目作品或项目任务的完成为驱动，把学生的意识从"学习什么知识"转向"如何完成项目任务"，从而引发学生的学习活动。

(2) 强调以小组合作学习形式开展项目活动

项目小组是一种区别于常规教学组织形式的特殊的教学集体，其活动最突出的特点是自我组织和自主学习。教师不会手把手地交会学生，学生更多地要通过项目小组在自我组织和共同负责的情况下，从亲身体验、实践中去获得。采取小组教学的形式旨在改变学生过分依赖教材、死记硬背、机械训练的状况，培养学生的独立性和自主性，引导学生在实践中质疑、探究，最终实现学生分析、解决问题和合作能力的全面提升。

(3) 强调以真实、复杂的问题为线索实现知识的意义建构

传统教学中的理论知识和实践知识往往是各成体系、难以交融。而对于职业教育的目标，如果不能在已有知识和工作任务间建立起有意义的联系，不能实现理论知识和实践知识的有效整合，是很难形成未来职业所需的职业能力的。项目教学强调以真实、复杂的问题为线索，就是要给学生创造一个不确定的环境，让学生意识到自己已有的知识或技能已经不能适应新任务，需要吸收新知识或对原有方法进行改造，从而能够引导学生在解决问题或完成任务时自主进行知识的整合和建构。

(4) 强调以学生完整职业能力的形成为最高教学目标

项目教学的目标，强调由项目活动的开展结合教学主题，使学生在项目作品或项目任务的完成过程中掌握与教学主题相关的知识或技能，进而培养分析问题、解决问题、理论应用于实践等高层次的能力。

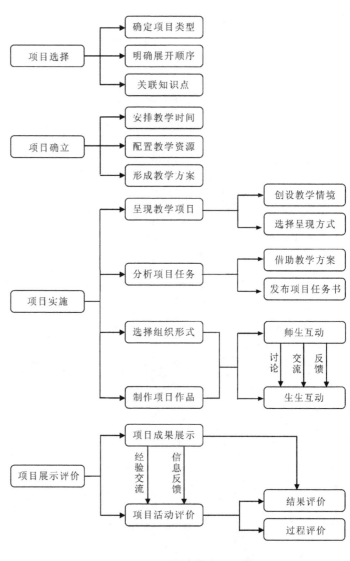

项目教学法流程图

项目 1
家居空间设计计算机效果图表现

知识目标
1. 了解常用家具的尺寸。
2. 掌握家居空间的特征和设计风格。
3. 掌握家居空间设计计算机效果图表现的渲染流程。
4. 掌握家居空间设计计算机效果图表现的技巧和方法。

技能目标
1. 能够运用计算机软件熟练地绘制家居空间效果图。
2. 能够准确表现设计师的设计方案。

任务 1.1
玄关设计效果图表现

工作任务

任务目标

1. 掌握玄关、鞋柜模型常用尺寸，能够准确绘制玄关空间模型。
2. 掌握玄关空间常见材质的参数，能够为玄关空间模型准确附给材质。
3. 掌握门顶处人工光及家具灯带的布置方法，能够正确处理玄关空间的布光要求，根据设计要求为场景布置灯光。
4. 掌握玄关后期处理的方法与技巧，能够根据玄关空间设计方案气氛，进行后期效果图的调整。

任务描述

以项目一"一居室"的"玄关空间"为设计内容，根据AutoCAD图的数据进行玄关效果图的制作，最终的效果如图1.1-1所示。

通过观察场景发现，这个玄关的空间不是很大，整个场景没有来自门窗的天光，主光源是玄关处的门灯；场景内辅助光源主要表现为鞋柜处的灯带。

场景中的材质主要有白乳胶、白色柜子、地砖、木纹、门等。

制作流程是制作玄关基本场景、布置灯光、制作主体材质、渲染输出和后期处理。

在住宅中玄关虽然面积不大，但使用频率较高，是进出住宅的必经之处。玄关不宜太狭窄，要有五尺以上，不宜太阴暗，不宜杂乱等。在表现玄关效果图时，一般要采用冷暖色调混合，使场景气氛更加丰富。

根据AutoCAD图纸利用3ds max绘制玄关模型，要求模型完整、尺寸准确、材质丰富、照明舒适，该任务是计算机实践操作，以个人为单位，要求每人在任务完成后展示自己的作品，互评并进一步修改与完善。

图1.1-1（附彩图）

知识准备

一、命令

(1) Line【直线】
(2) Rectangle【矩形】
(3) Extrude【挤出】
(4) Edit poly【可编辑多边形】
(5) Edit mesh【可编辑网格】
(6) Attach【附加】
(7) Boolean【布尔】
(8) Group【成组】
(9) VRayMtl【VR材质】
(10) Standard【标准材质】
(11) VRayMtl【VR材质】的Reflect【反射】
(12) VRayMtl【VR材质】的Refract【折射】
(13) VRayLight【VR灯光】中的"Plane面光源"
(14) Photoshop图层模式
(15) Photoshop图层蒙版
(16) Photoshop色阶
(17) Photoshop曲线
(18) Photoshop色相/饱和度

二、技法

(1) 鼠标右键塌陷成Editable mesh【可编辑网格】会节省内存，可以加速渲染。
(2) 辅助片灯和主灯分别用冷暖两种灯光可以增加场景气氛。
(3) VRayMtl【VR材质】，模拟真实材质。
(4) 【模糊】反射的应用，菲尼尔反射的使用。
(5) 图层蒙版：在效果图制作当中同一图层的图片，有的希望显示有的希望隐藏，图层蒙版是个很好的工具，可以在蒙版图层里涂白色将不想显示出来的部分隐藏，可以在蒙版图层里涂黑色，将想显示出来的部分显示出来。
(6) 快速蒙版：在后期处理时经常会遇到处理物体渐变退晕效果，那么快速蒙版是个很好的工具，可以方便地选择带有渐变效果的选区。
(7) 添加配景时，要有一定的逻辑顺序，一般从大面积到小面积，从主到次，再到细部。
(8) 空间关系遵循的原则：近大远小，近实远虚，近景暗，远景亮。目的是提升空间的纵深感。
(9) 后期的制作流程：从整体到局部。

任务实施

一、制作玄关基本场景

1. 制作玄关墙体

(1) 打开捕捉，绘图菜单选择Line【直线】，按CAD图纸尺寸在顶视图下绘制墙线，修改面板下选择Extrude【挤出】，输入数值2800，如图1.1-2所示。

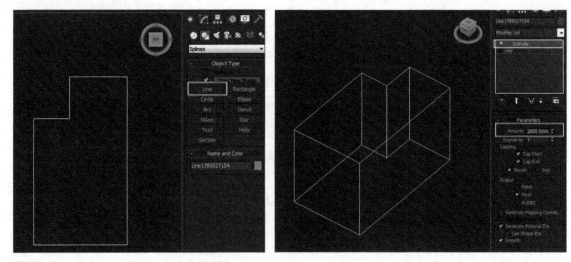

图1.1-2

(2) 选择图形，鼠标右键塌陷成Editable poly【可编辑多边形】，鼠标右键Object Properties【对象属性】，勾选Backface Cull【背面消隐】，选择所有面翻转法，如图1.1-3所示。

图1.1-3

2. 门口的制作

(1) 在Editable poly【可编辑多边形】子层集下选择Egde【边】，选择Connect【连接】，连接边数2，按平面图调整门口的位置，如图1.1-4所示。

图1.1-4

(2) 在Editable Poly【可编辑多边形】子层集下选择Polygon【面】，点选窗口图形，操作栏下选择Extrude【挤出】，输入值-240，删除面，如图1.1-5所示。

(3) 同样操作方法绘制右墙厨房门洞，如图1.1-6所示。

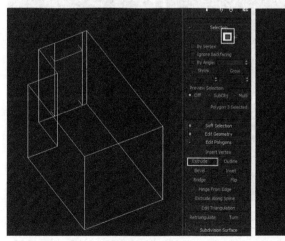

图1.1-5

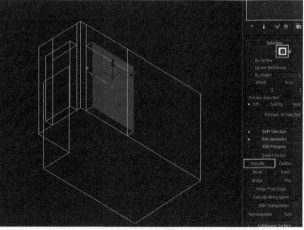

图1.1-6

3. 鞋柜的制作

（1）用Rectangle【矩形】工具，在顶视图下，开启捕捉绘制矩形1100×400，填加Extrude【挤出】，输入值2800，鼠标右键塌陷Editable mesh【可编辑网格】，如图1.1-7所示。

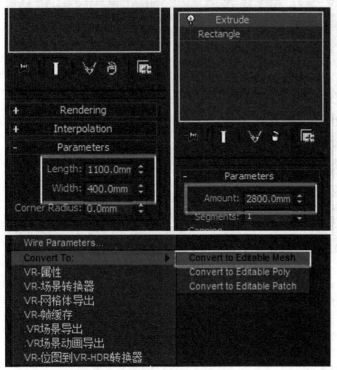

图1.1-7

（2）用Rectangle【矩形】工具，在右视图下，开启捕捉绘制矩形1020×300，填加Extrude【挤出】，鼠标右键塌陷Editable mesh【可编辑网格】，选择长方体，右击移动工具弹出对话框，Y轴变量输入1200，复制一个调整位置，鼠标右键盘选择Attach【附加】两个物体，如图1.1-8所示。

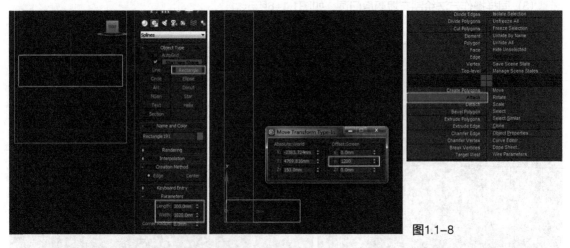

图1.1-8

（3）在绘图工具栏选择几何体，下拉菜单栏里选择Compound Objects【复合对象】，选择鞋柜长方体，点击Pick Operand B【切割B物体】，利用Boolean【布尔】工具剪切鞋柜模型，如图1.1-9所示。

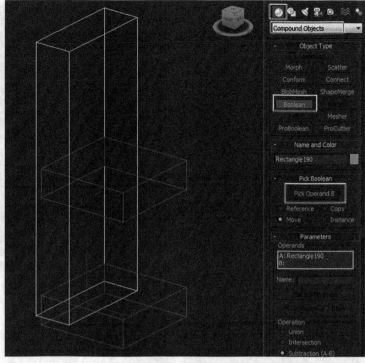

图1.1-9

(4) 选择布尔后的长方体，鼠标右键选择Editable Ploy【可编辑多边形】，在面层级下选择柜子背板的面，Detach【分离】选中的面，作为鞋柜镜面，附镜面材质，如图1.1-10所示。

(5) 前视图下，用Rectangle【矩形】工具在如图位置绘制矩形，Extrude【挤出】做柜门，鼠标右键选择Editable Ploy【可编辑多边形】，在面层级下选择柜门，分别利用Bevel【倒角】和Inset【插入】工具交替使用绘制门板造型，如图1.1-11所示。

(6) 前视图下，用矩形工具绘制柜门百叶片，鼠标右键塌陷成Editable mesh【可编辑网格】，旋转角度并复制多个，Attach【附加】成为一体，如图1.1-12所示。

(7) 将绘制好的柜门复制4个，将柜子Group【成组】并移动到鞋柜的位置，如图1.1-13所示。

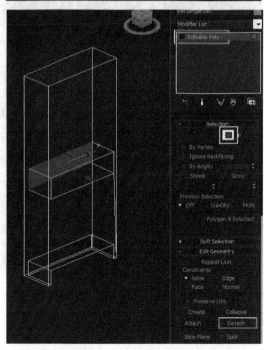

图1.1-10

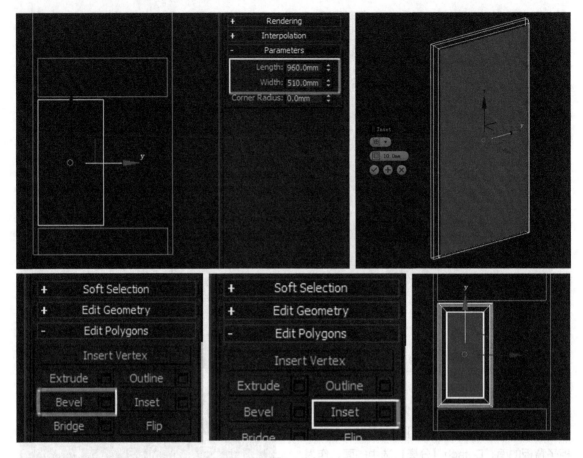

图1.1-11

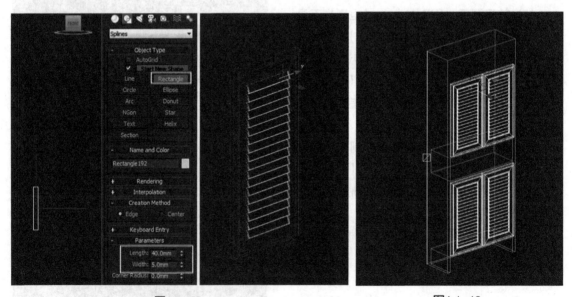

图1.1-12　　　　　　　　　图1.1-13

4. 顶棚的制作

(1) 顶视图下用Rectangle【矩形】工具绘制玄关顶棚轮廓，鼠标右键塌陷成Editable spline【可编辑样条线】，选择样条线集别，进行Outline【轮廓】，轮廓值200，挤出120，如图1.1-14所示。

(2) 几何体工具，Extended Primitives【扩展几何体】，选择Chamferbox【倒角盒子】，绘制倒角长方体【尺寸见图1.1-15 (a)】，复制多个放置，附木纹材质作为玄关天棚造型，如图1.1-15 (b) 所示。

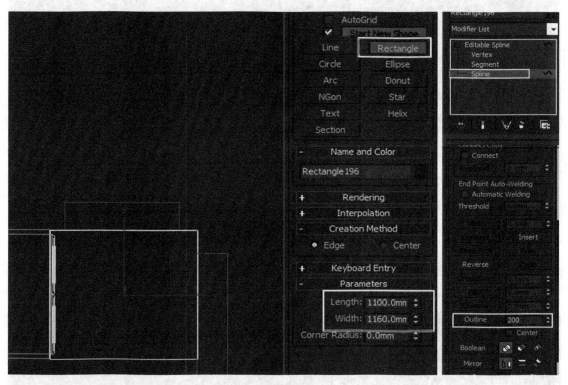

图1.1-14

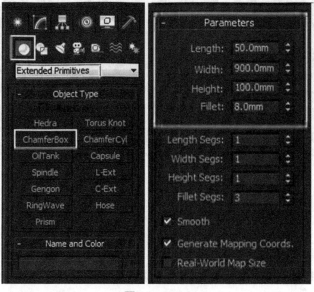

图1.1-15 (a)

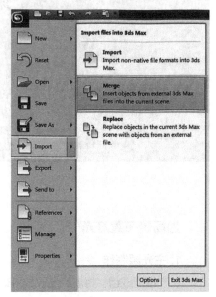

图1.1-16

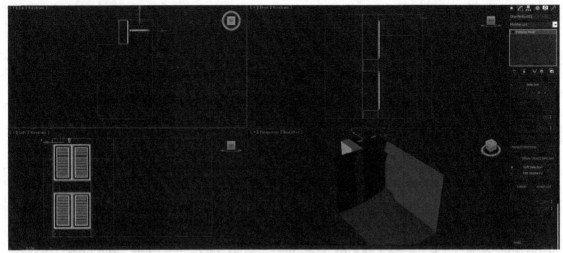

图1.1-15(b)

5. 导入门、植物等模型

单击菜单栏File【文件】,Import【导入】下选择Merge【合并】,选择模型,导入模型,在模型中填加FFD 2*2*2修改器,调整大小及位置,如图1.1-16所示。

6. 摄像机制作

绘制菜单栏中选择Camera【摄像机】,在顶视图中绘制Target【目标摄像机】,调整摄像机广角、方向、位置,如图1.1-17所示。

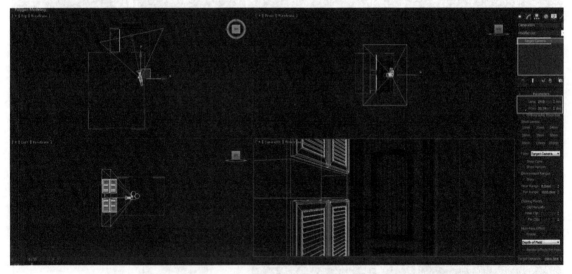

图1.1-17

二、为场景布置灯光

1. 主光源制作

(1)模型成组。将渲染器改成VRay,在绘制栏VRay灯光里选择VR-光源,顶视图下,捕捉吊顶绘制灯光,调整灯光位置及灯光参数,如图1.1-18所示。

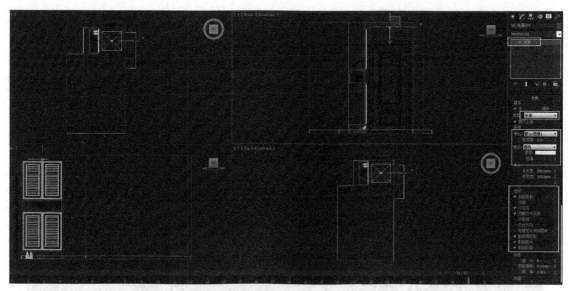

图1.1-18

(2) 复制一盏VR-光源,调整灯光位置及参数,如图1.1-19所示。

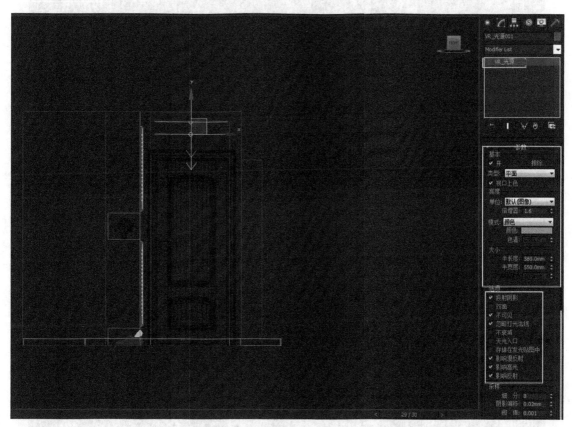

图1.1-19

2. 辅助源制作

(1) 鞋柜灯带绘制。选择VR-光源,在顶视图下鞋柜位置绘制,创建VR-光源(类型:选择平面),复制一盏,调整位置和参数,如图1.1-20所示。

(2) 环境辅助光,VR-光源。顶视图下,在场景空白处绘制灯光,调整灯光位置及灯光参数,如图1.1-21所示。

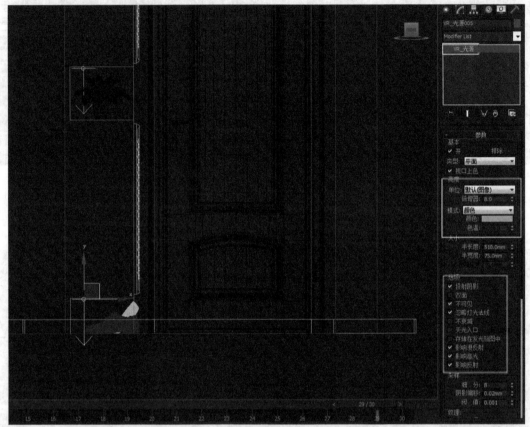

图1.1-20

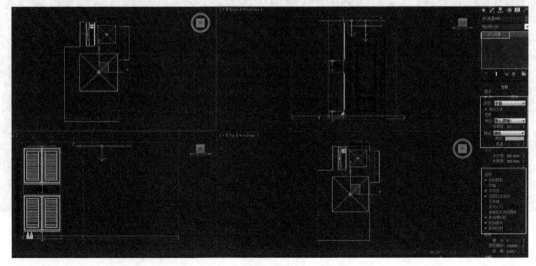

图1.1-21

三、场景主体材质制作

1. 白乳胶

隐藏灯光,取消模型成组,调整材质球数量,如图1.1-22所示。

2. 入户门材质

如图1.1-23所示。

3. 白色柜子

如图1.1-24所示。

4. 古木色材质

如图1.1-25所示。

5. 地砖材质

如图1.1-26所示。

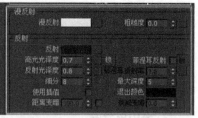

图1.1-22

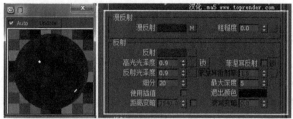
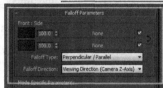

图1.1-23

图1.1-24

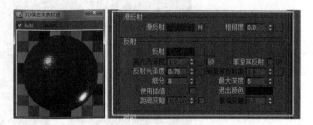

图1.1-25

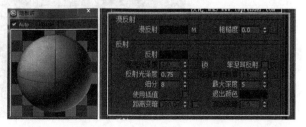

图1.1-26

至此，场景中主要部分的材质调节完毕，场景中其他几处材质的调节方法与上面调节材质的方法类似。

四、渲染输出

1. 输出光子图

（1）打开Render Setup【渲染设置】窗口，在Common Parameters【共用参数】选项卡中调整光子图的输出大小，这里输出2000点的成品图，所以这里将Width【宽度】设置为800，Height【高度】设置为600即可，如图1.1-27所示。

（2）接下来，对光子图的品质进行设置。

打开Indirect illumination【间接照明】选项卡，对V-Ray:: Indirect illumination (GI)【VRay:: 间接照明（GI）】卷展栏中的Primary bounces【首次反弹】和Secondary bounces【二次反弹】进行设置；设置V-Ray:: Irradiance map【V-Ray:: 发光图】卷展栏中的Min rate【最小比率】、Max rate【最大比率】、HSph.subdivs【半球细分】、Interp.samples【插值采样】进行设置，并勾选On render end【在渲染结束后】栏中的Auto save【自动保存】和Switch to saved map【切换到保存的贴图】选项，注意要设置Auto save【自动保存】后的保存路径；设置V-Ray:: Light cache【V-Ray:: 灯光缓存】卷展栏中的Subdivs【细分】值，勾选On render end【在渲染结束后】栏中的Auto save【自动保存】和Switch to saved cache【切换到保存的缓存】选项，同样要设置Auto save【自动保存】后的保存路径，如图1.1-28所示。

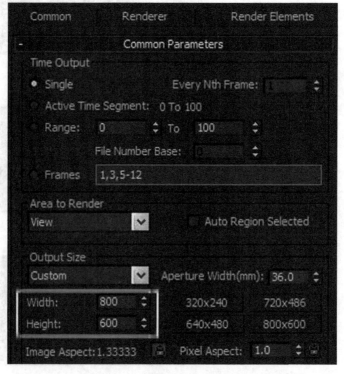

图1.1-27

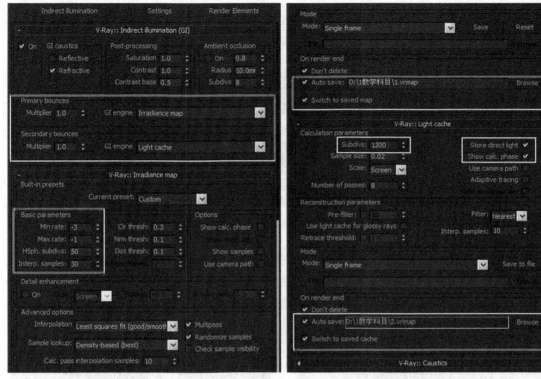

图1.1-28

2. 输出成品图

(1) 打开Render Setup【渲染设置】窗口，在Common Parameters【共用参数】选项卡中的Width【宽度】和Height【高度】，在Render Output【渲染输出】栏中，勾选Save File【保存文件】选项，单击Files【文件】按钮，在弹出的Render Output File【渲染输出文件】窗口中，指定一个保存路径，并命好名字，图像保存类型为tga格式，单击【确定】按钮，设置完毕，如图1.1-29所示。

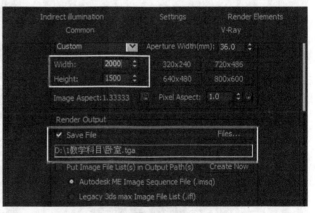

图1.1-29

(2) 切换到【V-Ray】选项卡，对V-Ray::Image sampler（Antialiasing）【V-Ray::图像采样器（抗锯齿）】进行设置，如图1.1-30所示。

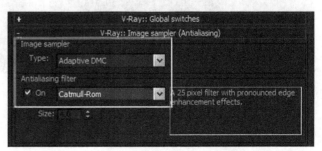

图1.1-30

（3）切换到Settings【设置】选项卡，V-Ray::DMC Sampler对【V-Ray::确定性蒙特卡洛采样器】进行设置，为了保证成品图的画面品质，将场景中所有灯光的细分值提高，如图1.1-31所示。

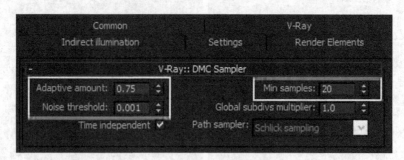

图1.1-31

单击Render【渲染】按钮进行渲染，得到"玄关.tga"的渲染图，如图1.1-32所示。

（4）最后，将Max文件另存一份，删除场景里的所有灯光。在MAXScript【MAX脚本】菜单下Run Script【运行脚本】，运行"本强强"插件，把场景材质全部转换成自发光材质，渲染输出，保存为"分色通道图"，如图1.1-33所示。

图1.1-32（附彩图）

图1.1-33（附彩图）

五、后期处理

1. 整体调整

（1）在Photoshop中打开渲染好的"玄关.tga"文件和分色通道图。

（2）按住 Shift 键将分色通道图拖拽到渲染图中，使其与渲染图完全对位。选择背景图层，按 Ctrl+J 键将其复制出来一层，移到分色通道图层的上面，如图1.1-34所示。

（3）观察场景效果，发现颜色有些偏灰偏暗，所以按 Ctrl+Shift+L键，自动色阶，调整画面的黑白灰的关系；然后，按Ctrl+M键打开【曲线】窗口，整体调亮画面，如图1.1-35所示。

（4）按Ctrl+B键打开【色彩平衡】窗口，首先选择【色彩平衡】中的【高光】选项，对其高光的色彩平衡进行调整；再选择【阴影】，对其阴影的色彩平衡进行调整，如图1.1-36所示。

图1.1-34

2. 局部调整

（1）接下来，进入局部修改，利用"分色通道图"将场景中的地面选中，选择背景副本图层，按Ctrl+J 键将其复制粘贴到一个新的图层中，保证该图层处于选中状态，按Ctrl+M键，对其调整，亮部加亮，暗部压暗，如图1.1-37所示。

（2）利用"分色通道图"将场景中的鞋柜选中，选择背景副本图层，按Ctrl+J键将其复制粘贴到一个新的图层中，保证该图层处于选中状态，按Ctrl+L键、Ctrl+M键，对其调整，让鞋柜明暗对比更加分明，如图1.1-38所示。

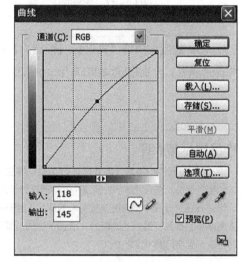

图1.1-35

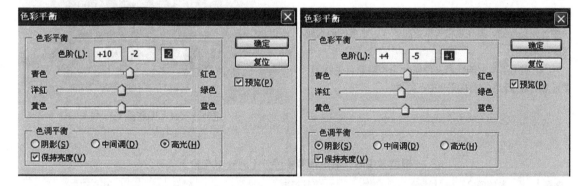

图1.1-36

（3）另外，还需要对其他局部的细节进行调整，例如门、植物、鞋子等，调节方法与前面相同。

3. 再次整体调整

（1）放置好植物之后，按Ctrl+Shift+Alt+E键做一个盖印；在此基础之上，按Ctrl+M键，对画面整体的明暗层次进行调整，使其结构更加清晰。

（2）对画面进行锐化处理：复制最上层，执行【滤镜】【其他】【高反差保留】命令，然后，调整图层混合模式为"柔光"模式，降低"不透明度"。最终完成效果，如图1.1-39所示。

图1.1-37（附彩图）

图1.1-38（附彩图）

（3）最后，执行【文件】【存储为】命令，将图片保存，分别存成psd格式与jpg格式。

作品展示与点评

采用多元评价体系，即教师评价学生、学生自我评价和相互评价。充分发挥学生自我评价和相互评价的作用，让学生在评价过程中，通过观赏别人的作品，提升自身的鉴赏水平，提高交流表达的能力，增强学生的成就感，同时也认识到自己的不足之处。

思考与练习

1. 室内玄关的设计方法非常多，半隔断设计也是玄关中经常见到的，其光照和气氛更加多样。思考如何表现玄关半隔断？
2. 请用本案例的任务文件做一个半隔断鞋柜练习，要注意半隔断鞋柜在室内采光的不同关系。

图1.1-39（见彩图1.1-1）

根据学生的作品进行考核评分（满分100分）

序号	考核项目	满分	考核标准	得分	考核方式
1	建模	25	模型比例合理		作品展示
2	赋材质	20	材质质感真实		作品展示
3	布灯光、渲染	35	灯光布置合理、准确、渲染时间适当		作品展示
4	后期处理	15	色调统一、结构清晰、有光感质感		作品展示
5	答辩	5	回答内容准确、表达清晰、语言简练		口试
	总计得分	100			

任务 1.2
厨房设计效果图表现

工作任务

任务目标

1. 掌握厨房、外景阳台模型常用尺寸,能够准确绘制厨房模型。
2. 掌握厨房常见材质的参数,能够为厨房模型准确附给材质。
3. 掌握厨房处太阳光、人工光及家具灯带的布置方法,能够正确处理厨房的布光要求,根据设计要求为场景布置灯光。
4. 掌握厨房后期处理的方法与技巧,能够根据厨房设计方案气氛,进行后期效果图的调整。

任务描述

以项目一"一居室"的"厨房"为设计内容,根据AutoCAD图的数据进行厨房效果图的制作,如图1.2-1所示。

图1.2-1(附彩图)

通过观察场景发现，整个场景光源主要是窗口处的天光；场景内辅助光源主要表现为橱柜的灯带及顶棚的射灯。

场景中的材质主要有白乳胶、地砖、木纹、不锈钢等。

制作流程是制作厨房基本场景、布置灯光、制作主体材质、渲染输出和后期处理。

厨房，是指可在内准备食物并进行烹饪的房间，一个现代化的厨房通常有的设备包括炉具（瓦斯炉、电炉、微波炉或烤箱）、流理台（洗碗槽或是洗碗机）及储存食物的设备（冰箱）。厨房体现的氛围是温馨的，所以在厨房效果图表现时色调主要以暖光为主。

根据AutoCAD图纸利用3ds Max绘制厨房模型，要求模型完整、尺寸准确、材质丰富、照明舒适，该任务是计算机实践操作，以个人为单位，要求每人在任务完成后展示自己的作品，互评并进一步修改与完善。

知识准备

见任务 1.1 "知识准备"。

任务实施

一、制作厨房基本场景

1. 制作厨房墙体

（1）打开捕捉，绘图菜单选择Rectangle【矩形】，在顶视图下绘制墙线，修改面板下选择Extrude【挤出】，输入数值2800，如图1.2-2所示。

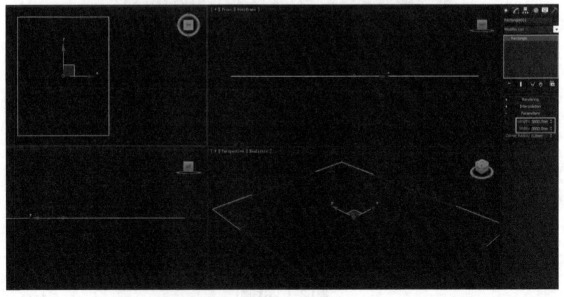

图1.2-2

(2) 用Rectangle【矩形】工具，鼠标右键塌陷 Editable Poly【可编辑多边形】，在面层级下选中长方体全部面，点击Flip【翻转】，如图1.2-3所示。

(3) 退出可编辑多边形，选中长方体，鼠标右键选择Object Properties【对象属性】，勾选Backface Cull【背面消隐】，如图1.2-4所示。

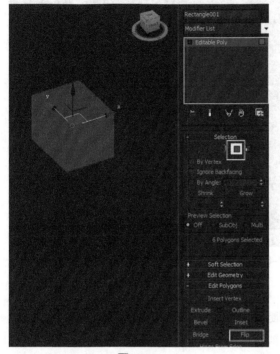 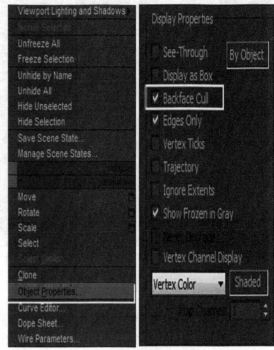

图1.2-3　　　　　　　　　　　　　　图1.2-4

(4) 顶视图下，可编辑多边形边层级，选择门窗所在的墙体线，点击Connect【连接】，分别绘制墙体上门窗的位置，如图1.2-5所示。

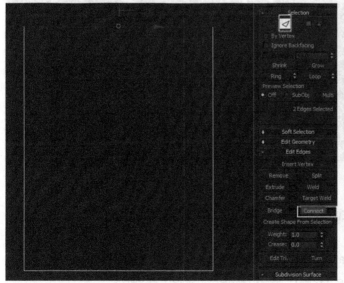 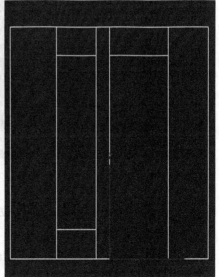

图1.2-5

(5) 可编辑多边形［面］层级，选择门窗位置的面，点击Extrude【挤出】，制作好后删除门窗面层，如图1.2-6所示。

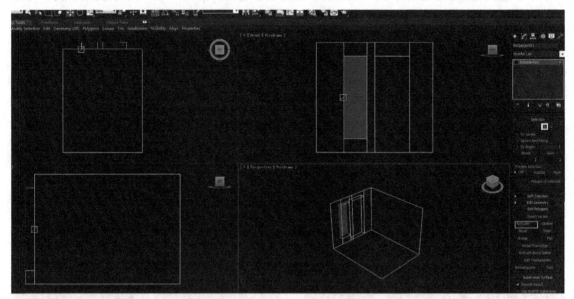

图1.2-6

2. 制作厨房阳台

(1) 顶视图下，用Rectangle【矩形】工具绘制厨房阳台轮廓线，鼠标右键塌陷成Editable Mesh【可编辑网格】，按CAD图纸绘制阳台墙线，并挤出，如图1.2-7所示。

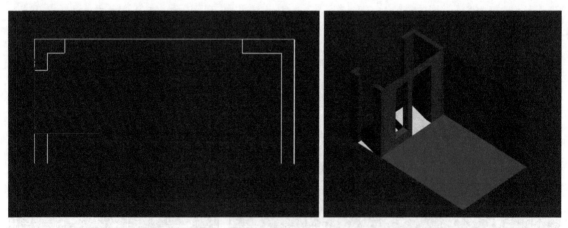

图1.2-7

(2) 用Rectangle【矩形】按CAD立面图绘制阳台围栏，并附给材质，如图1.2-8所示。

3. 制作厨房门窗

(1) 前视图下，开启捕捉，用Rectangle【矩形】绘制窗口图形，鼠标右键转换成Editable Spline【可编辑样条线】，在线级别下进行Outline【轮廓】，并挤出做窗框，如图1.2-9所示。

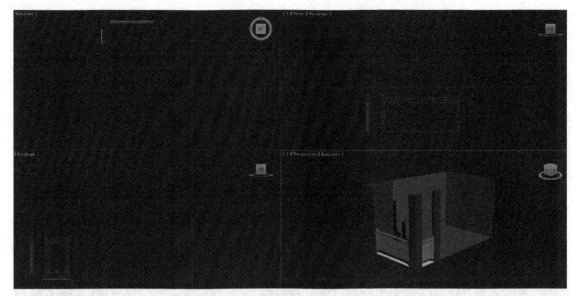

图1.2-8

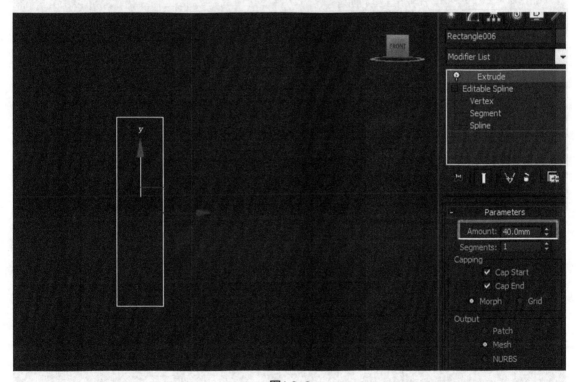

图1.2-9

(2) 在前视图,开启捕捉,用Line【线】绘制门边线,边层级下进行轮廓并挤出,塌陷后做阳台门边,如图1.2-10所示。

(3) 同上的方法绘制门边的内层,如图1.2-11所示。

(4) 前视图下,开启捕捉,用Rectangle【矩形】绘制窗口图形,鼠标右键转换成Editable Spline【可编辑样条线】,在线级别下进行Outline【轮廓】并挤出做门框,如图1.2-12所示。

图1.2-10

图1.2-11

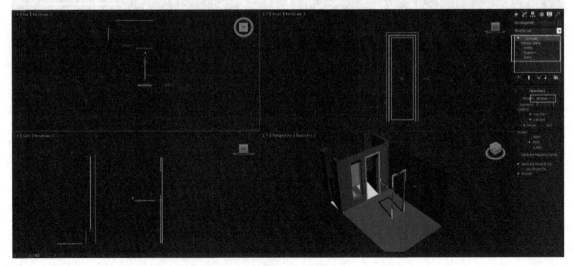

图1.2-12

(5)左视图下,用Rectangle【矩形】绘制门把手,鼠标右键转换成Editable Spline【可编辑样条线】,子层级下选择Segment【边级别】,删除图中选中的线,将其余线体Outline【轮廓】,轮廓后挤出做门把手,调整到适合的位置,如图1.2-13所示。

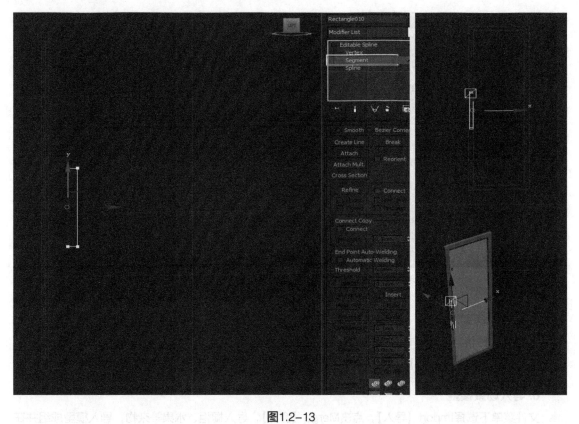

图1.2-13

(6)成组门框、玻璃及门把手,顶视图下旋转方向,如图1.2-14所示。

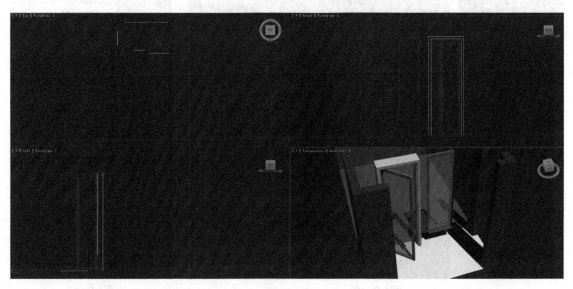

图1.2-14

4. 制作厨房摄像机

绘制菜单栏中选择Camera【摄像机】，在顶视图中绘制Target【目标摄像机】，调整摄像机广角、方向、位置，如图1.2-15所示。

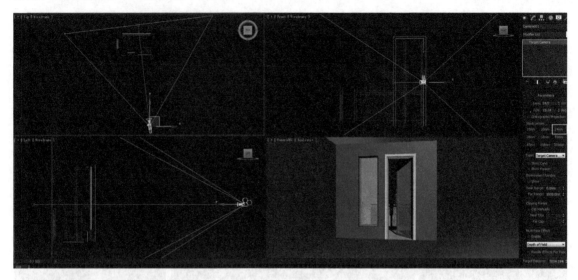

图1.2-15

5. 制作厨房环境贴图

Rendering【渲染】菜单下，选择Environment【环境】，对话框里勾选Use Map【使用贴图】，点击None，选择Bitmap【贴图】，填加环境背景贴图，如图1.2-16所示。

6. 导入场景模型

文件菜单下选择Import【导入】，点击Merge【合并】，导入橱柜、水果等杂物，导入模型成组并在绘制栏中填加FFD2*2*2，调整模型大小比例及位置，如图1.2-17所示。

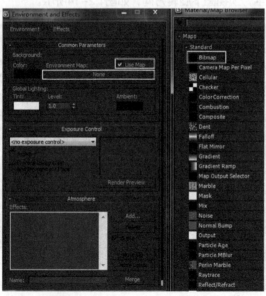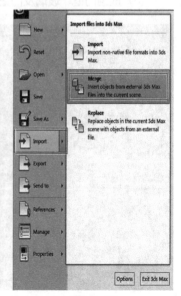

图1.2-16　　　　　　　　　　　　　　　　图1.2-17

二、为场景布置灯光

1. 太阳光制作

冻结所有模型，将渲染器改成VRay，在绘制栏里选择Target Directional Light【目标平行光】，勾选VRayShadow【VR阴影】调整灯光位置及灯光参数，如图1.2-18所示。

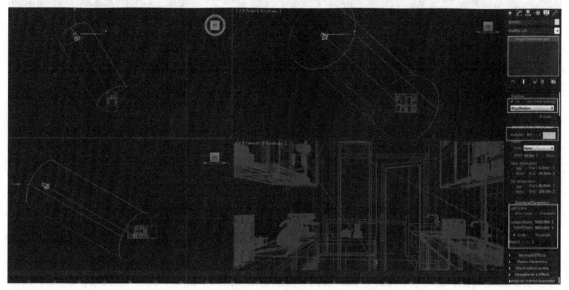

图1.2-18

2. 主光源制作

（1）VRay灯光里选择VR-光源，前视图下，捕捉窗口绘制灯光，调整灯光位置及灯光参数，如图1.2-19所示。

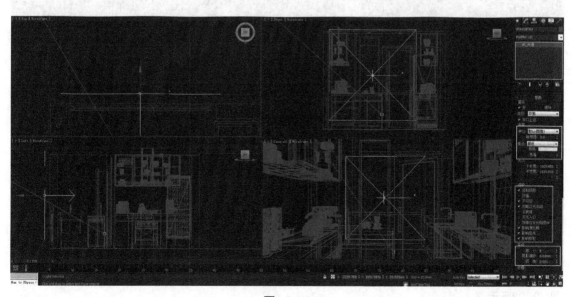

图1.2-19

（2）复制一盏VR-光源，调整灯光位置及参数，如图1.2-20所示。

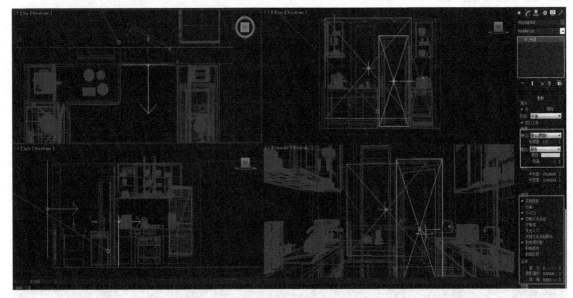

图1.2-20

3. 辅助源制作

（1）射灯制作。选择VR-光源，在顶视图吊柜位置绘制片灯，复制一盏，调整位置和参数，如图1.2-21所示。

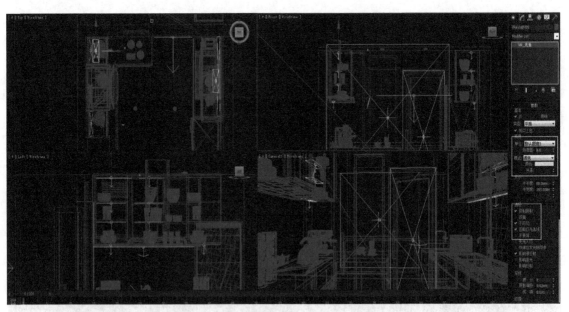

图1.2-21

（2）环境辅助光，VR-光源，顶视图下，在场景空白处绘制灯光，调整灯光位置及灯光参数，如图1.2-22所示。

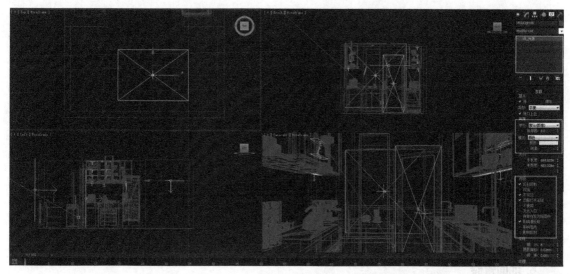

图1.2-22

三、场景主体材质制作

1. 白乳胶

隐藏灯光，取消模型成组，调整材质球数量，如图1.2-23所示。

2. 不锈钢亮光

如图1.2-24所示。

3. 白色透明玻璃

如图1.2-25所示。

4. 台面

如图1.2-26所示。

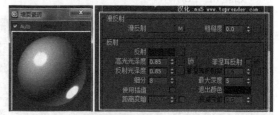

图1.2-23

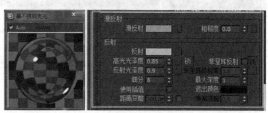

图1.2-24

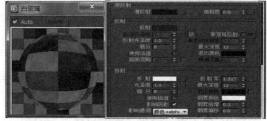

图1.2-25

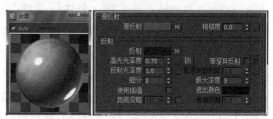

图1.2-26

5. 拉丝金属

如图1.2-27所示。

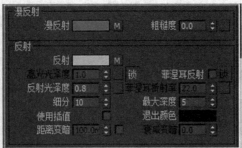

图1.2-27

6. 地面瓷砖

如图1.2-28所示。

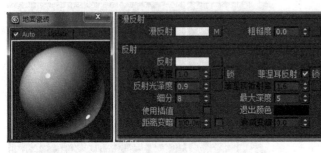
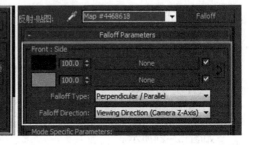

图1.2-28

至此，场景中的主要部分的材质调节完毕，场景中其他几处材质的调节方法与上面调节材质的方法类似。

四、渲染输出

1. 输出光子图

（1）打开Render Setup【渲染设置】窗口，在Common Parameters【共用参数】选项卡中调整光子图的输出大小，这里输出2000点的成品图，所以这里将Width【宽度】设置为800，Height【高度】设置为600即可，如图1.2-29所示。

（2）接下来，对光子图的品质进行设置。打开Indirect illumination【间接照明】选项卡，对V-Ray:: Indirect illumination（GI）【VRay::间接照明（GI）】卷展栏中的Primary bounces【首次反弹】和Secondary bounces【二次反弹】进行设置；设置V-Ray:: Irradiance map【V-Ray:: 发光图】卷展栏中的Min rate【最小比率】、Max rate【最大比率】、HSph.subdivs【半球细分】、Interp.samples【插值采样】进行设置，并勾选On render end【在渲染结束后】栏中的Auto save【自动保存】和Switch to saved map【切换到保存的贴图】选项，注意要设置Auto save【自动保存】后的保存路径；设置V-Ray:: Light cache【V-Ray:: 灯光缓存】卷展栏中的Subdivs【细分】值，勾选On render end【在渲染

结束后】栏中的Auto save【自动保存】和Switch to saved cache【切换到保存的缓存】选项，同样要设置Auto save【自动保存】后的保存路径，如图1.2-30所示。

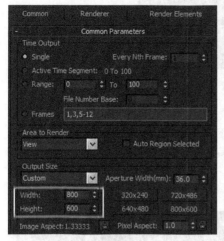

图1.2-29

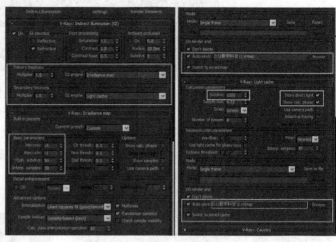

图1.2-30

2. 输出成品图

（1）打开Render Setup【渲染设置】窗口，在Common Parameters【共用参数】选项卡中的Width【宽度】和Height【高度】分别输入2000和1500，在Render Output【渲染输出】栏中，勾选Save File【保存文件】选项，如图1.2-31所示，单击File【文件】按钮，在弹出的Render Output File【渲染输出文件】窗口中，指定一个保存路径，并命好名字，图像保存类型为tga格式，单击【确定】按钮，设置完毕。

（2）切换到【V-Ray】选项卡，对V-Ray:: Image sampler（Antialiasing）【V-Ray:: 图像采样器（抗锯齿）】进行设置，如图1.2-32所示。

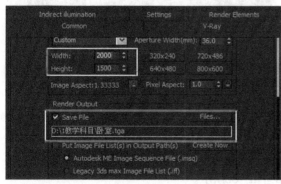

图1.2-31

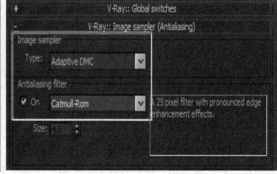

图1.2-32

（3）切换到Settings【设置】选项卡，V-Ray:: DMC Sampler对【V-Ray:: 确定性蒙特卡洛采样器】进行设置，如图1.2-33所示。

为了保证成品图的画面品质，将场景中所有灯光的细分值提高。单击Render【渲染】按钮进行渲染，得到"厨房.tga"的渲染图，如图1.2-34所示。

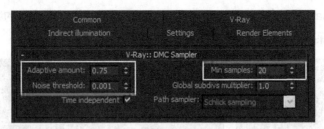

图1.2-33

(4) 最后,将Max文件另存一份,删除场景里的所有灯光。在MAXScript【MAX脚本】菜单下Run Script【运行脚本】,运行"本强强"插件,把场景材质全部转换成自发光材质,渲染输出,保存为"分色通道图",如图1.2-35所示。

图1.2-34(附彩图)

图1.2-35(附彩图)

五、后期处理

1. 整体调整

(1) 在Photoshop中打开渲染好的"厨房.tga"文件和分色通道图。

(2) 按住Shift键将分色通道图拖拽到渲染图中,使其与渲染图完全对位。选择背景图层,按Ctrl+J键将其复制出来一层,移到分色通道图层的上面,如图1.2-36所示。

(3) 观察场景效果,发现颜色有些偏灰偏暗,所以按Ctrl+Shift+L键,自动色阶,调整画面的黑白灰的关系;然后,按Ctrl+M键打开【曲线】窗口,整体调亮画面,如图1.2-37所示。

(4) 按Ctrl+B键打开【色彩平衡】窗口,首先选择【色彩平衡】中的【高光】选项,对其高光的色彩平衡进行调整;再选择【阴影】,对其阴影的色彩平衡进行调整,如图1.2-38所示。

图1.2-36

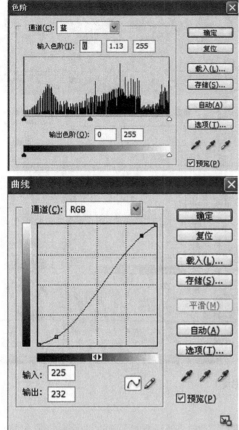

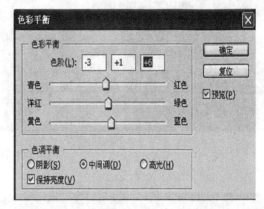

图1.2-37　　　　　　　　　　　　图1.2-38

2. 局部调整

（1）接下来，进入地砖修改，利用"分色通道图"将场景中的地面选中，选择背景副本图层，按Ctrl+J键将其粘贴到一个新的图层中，保证该图层处于选中状态，按Ctrl+M键，对其调整，亮部加亮，暗部压暗，如图1.2-39所示。

（2）利用"分色通道图"将场景中的墙壁选中，选择背景副本图层，按Ctrl+J键将其复制粘贴到一个新的图层中，保证该图层处于选中状态，按Ctrl+L键、Ctrl+M键，对其调整，让墙壁与天棚明暗对比更加分明，如图1.2-40所示。

（3）另外，还需要对其他局部的细节进行调整，例如门、植物、鞋子等，调节方法与前面相同。

3. 再次整体调整

（1）放置好图层之后，按Ctrl+Shift+Alt+E键做一个盖印；在此基础之上，按Ctrl+M键，对画面整体的明暗层次进行调整，使其结构更加清晰。

（2）对画面进行锐化处理：复制最上层，执行【滤镜】【其他】【高反差保留】命令，然后调整图层混合模式为"柔光"模式，降低"不透明度"，如图1.2-41所示。

（3）最后，执行【文件】【存储为】命令，将图片保存，分别存成psd格式与jpg格式，如图1.2-42所示。

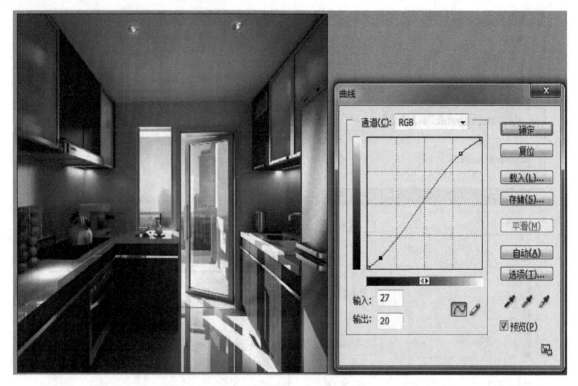

图1.2-39(附彩图)

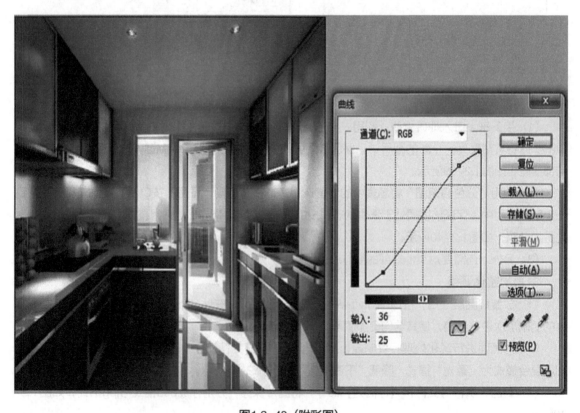

图1.2-40(附彩图)

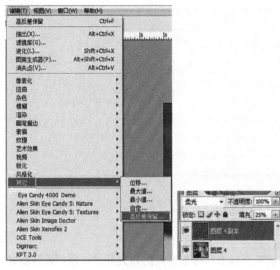
图1.2-41

图1.2-42（见彩图1.2-1）

作品展示与点评

采用多元评价体系，即教师评价学生、学生自我评价和相互评价。充分发挥学生自我评价和相互评价的作用，让学生在评价过程中，通过观赏别人的作品，提升自身的鉴赏水平，提高交流表达的能力，增强学生的成就感，同时也认识到自己的不足之处。

根据学生的作品进行考核评分（满分100分）

序号	考核项目	满分	考核标准	得分	考核方式
1	建模	25	模型比例合理		作品展示
2	赋材质	20	材质质感真实		作品展示
3	布灯光、渲染	35	灯光布置合理、准确、渲染时间适当		作品展示
4	后期处理	15	色调统一、结构清晰、有光感质感		作品展示
5	答辩	5	回答内容准确、表达清晰、语言简练		口试
	总计得分	100			

思考与练习

1. 室内中厨房通常是与餐厅空间相联，但相较厨房来说就餐区需要在墙面做更多装饰，灯光气氛也更为复杂。思考如何表现餐厅效果图？

2. 请参考本案例的任务文件做一个餐厅练习，要注意客厅与餐厅、厨房与餐厅的空间关系。

任务 1.3
卧室设计效果图表现

工作任务

任务目标

1. 掌握卧室空间的特征与材质的调节。
2. 掌握室外的天光和室内人工光的布置方法，能够正确处理卧室空间的布光要求，根据设计要求为场景布置灯光。
3. 掌握后期处理的方法与技巧，能够利用效果图的直观表现，准确推动"卧室空间"设计方案的实施。
4. 培养学生严谨细致的工作态度。

任务描述

以项目一"家居空间"的"卧室"为设计内容，根据AutoCAD图的数据进行卧室效果图的制作，最终的效果如图1.3-1所示。

通过观察场景发现，这个卧室的空间不是很大，它的入光口是窗口，主光源是太阳和天光；室内的人工光主要表现为床头处的台灯。

图1.3-1（附彩图）

场景中的材质主要有白乳胶、墙纸、地板、理石、玻璃、木纹和窗帘等。

制作流程是制作卧室基本场景、布置灯光、制作主体材质、渲染输出和后期处理。

卧室是私人空间,具有较强的隐私性。就设计而言,除了要考虑其功能性外,还要强调艺术性。在表现卧室效果图时,一般要采用暖色调,突出温馨的气氛与舒适的感觉。

该任务是计算机实践操作,以个人为单位进行。要求每人在任务完成后展示自己的作品互评并进一步修改与完善。

知识准备

一、命令

(1) Import【导入】
(2) Group【成组】
(3) Freeze Selection【冻结】
(4) Extrude【挤出】
(5) Editable Poly【可编辑多边形】
(6) Backface Cull【背面消隐】
(7) Normal【法线翻转】
(8) Loft【放样】
(9) VRayMtl【VR材质】
(10) Standard【标准材质】
(11) VRayMtl【VR材质】的Reflect【反射】
(12) VRayMtl【VR材质】的Refl.glossiness【反射模糊】
(13) VRayMtl【VR材质】的Refract【折射】
(14) VRayMtl【VR材质】的Glossiness【折射模糊】
(15) VRayMtl【VR材质】的Trace reflections【追踪反射】
(16) VRayLight【VR灯光】中的"Plane面光源"
(17) VRaySun【VR太阳】
(18) Photoshop图层模式
(19) Photoshop图层蒙版
(20) Photoshop色阶
(21) Photoshop曲线
(22) Photoshop色相/饱和度

二、技法

(1) VRayMtl【VR材质】,模拟真实材质表现。
(2)【模糊】反射的应用,菲尼尔反射的使用。
(3) 灯光对画面效果的控制。
(4) 图层蒙版:在效果图制作当中同一图层的图片,有的希望显示有的希望隐藏,图层蒙版是个很好的工具,可以在蒙版图层里涂白色将不想显示出来的部分隐藏,可以在蒙版图层里涂黑色,将想显示出来的部分显示出来。
(5) 快速蒙版:在后期处理时经常会遇到处理物体渐变退晕效果,那么快速蒙版是个很好的工具,可以方便的选择带有渐变效果的选区。
(6) 添加配景时,要有一定的逻辑顺序,一般从大面积到小面积,从主到次,再到细部。
(7) 空间关系遵循的原则:近大远小,近实远虚,近景暗,远景亮。目的是提升空间的纵深感。
(8) 后期的制作流程:从整体到局部。

任务实施

一、制作卧室基本场景

1. 制作卧室墙体

打开AutoCAD软件,打开图纸,整理图纸删除标注,调整比例,图纸保存,如图1.3-2所示。

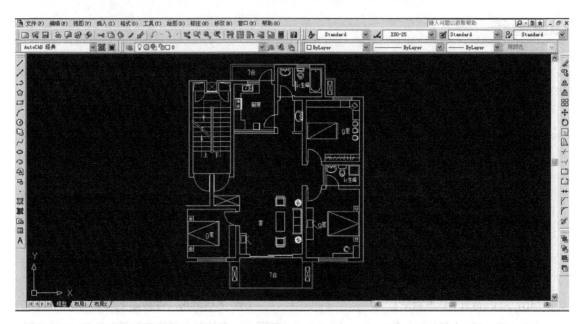

图1.3-2

打开3ds Max 2011软件,单击菜单栏File【文件】,Import【导入】图纸,选择图形,单击菜单栏Group【成组】,将图纸归零,冻结Freeze Selection【冻结】图形,如图1.3-3所示。

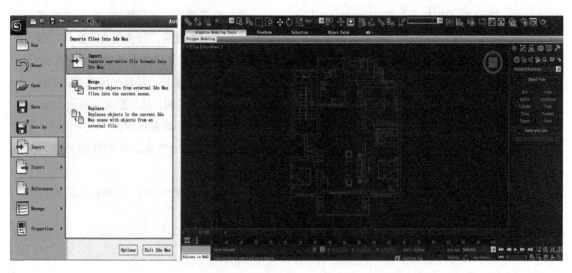

图1.3-3

打开捕捉，绘图菜单下选择Rectangle【矩形】，顶视图捕捉卧室内墙，修改面板下选择Extrude【挤出】，输入数值2800，如图1.3-4所示。

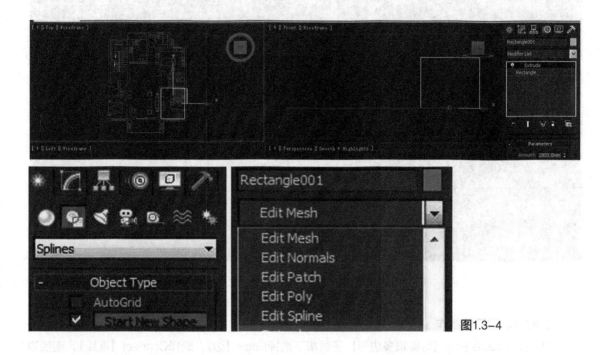

图1.3-4

选择图形，鼠标右键塌陷成Editable Poly【可编辑多边形】，鼠标右键选择Object Properties【对象属性】，勾选Backface Cull【背面消隐】，选择图形在堆栈栏里填加Normal【法线翻转】，如图1.3-5所示。

图1.3-5

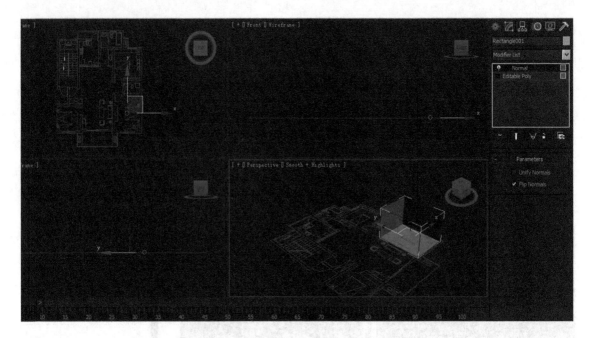

图1.3-5(续)

2. 窗户、门口的制作

(1) 在Editable Poly【可编辑多边形】子层集下选择Edge【边】,选择Connect【连接】,连接边数2,按平面图调整窗口的位置,如图1.3-6所示。

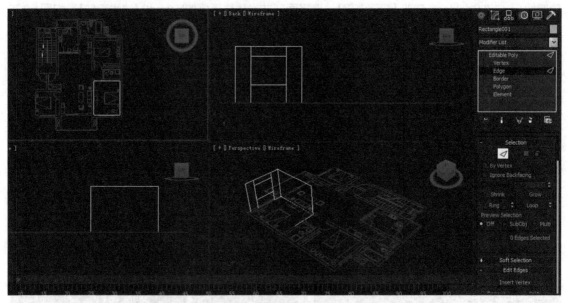

图1.3-6

(2) 在Editable Poly【可编辑多边形】子层集下选择Polygon【面】,点选窗口图形,操作栏下选择Extrude【挤出】,输入值-240,删除面,如图1.3-7所示。

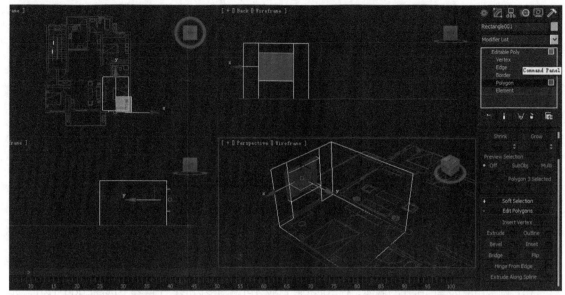

图1.3-7

（3）用Rectangle【矩形】工具，在前视图下，捕捉窗口绘制矩形，选择矩形转换成Editable Spline【可编辑样条线】，子层集下选择Spline【样条线】，操作栏下选择Outline【轮廓】，输入值40；填加Extrude【挤出】，输入值40，塌陷Editable Mesh【可编辑网格】，子层集下选择Polygon【面】，复制，完全成窗户的绘制，调整窗户位置，如图1.3-8所示。

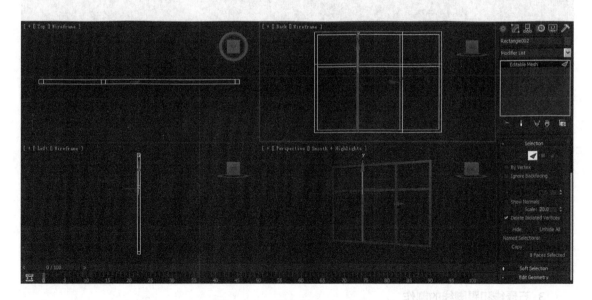

图1.3-8

（4）前视图绘制窗台，三维实体下选择Extendeds Primitive【扩展基本体】，利用ChamferBox【导角盒子】绘制窗台，调整位置，如图1.3-9所示。

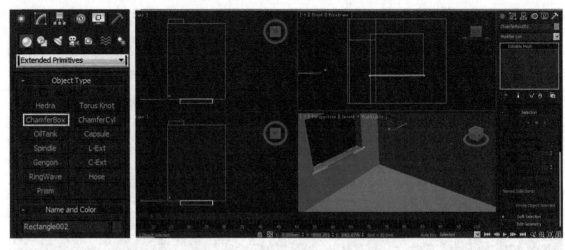

图1.3-9

(5) 调整角度选择门所在的墙体,在Editable Poly【可编辑多边形】子层集下选择Edge【边】,选择Connect【连接】,连接边数2,按平面图调整门口的位置,在Editable Poly【可编辑多边形】子层集下选择Polygon【面】,点选窗口图形,操作栏下选择Extrude【挤出】,输入值-240,门口制作完成,如图1.3-10所示。

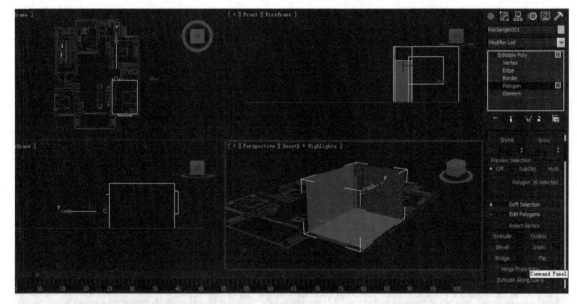

图1.3-10

3. 石膏线和踢脚线的制作

用Line工具前视图绘制石膏线截面,用Rectangle【矩形】工具在顶视图绘制路径,选择截面图形,在三维实体中选择Compound Objects【复合对象】中的Loft【放样】,点击Get Shape【拾取路径】,拾取路径图形,调整石膏线位置。同理绘制踢脚线,如图1.3-11所示。

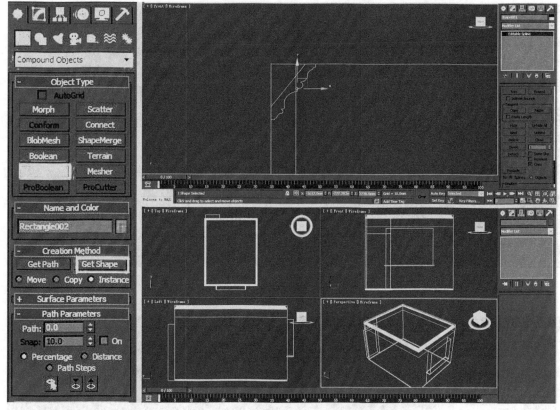

图1.3-11

4. 摄像机制作

绘制菜单栏中选择Camera【摄像机】,在顶视图中绘制Target【目标摄像机】,调整摄像机广角、方向、位置,如图1.3-12所示。

5. 导入家具模型

单击菜单栏File【文件】,Import【导入】下选择Merge【合并】,选择模型,导入模型,在模型中填加FFD 2 * 2 * 2修改器,调整大小及位置,如图1.3-13所示。

二、为场景布置灯光

1. 设置试渲参数

(1)打开Render Setup【渲染设置】窗口,在Common Parameters【共用参数】选项卡中调整试渲的输出大小;同时,对Settings【设置】、【V-Ray】、Indirect illumination【间接照明】选项卡中的选项进行设置,如图1.3-14所示。

2. 太阳光制作

冻结所有模型,将渲染器改成VRay,在绘制栏里选择VRay灯光,选择VR-太阳,调整灯光位置及灯光参数,如图1.3-15所示。

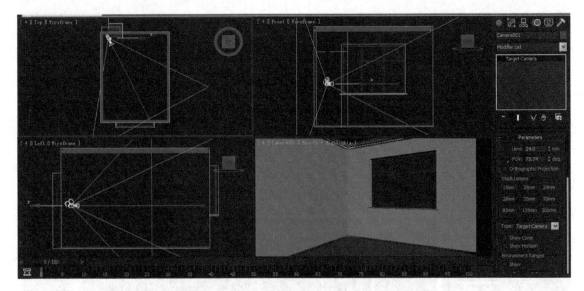

图1.3-12

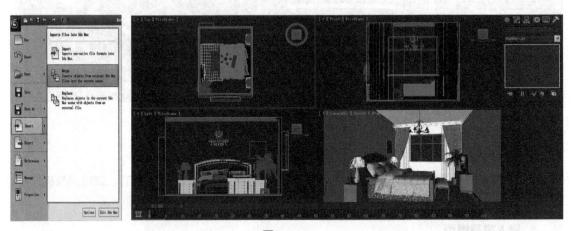

图1.3-13

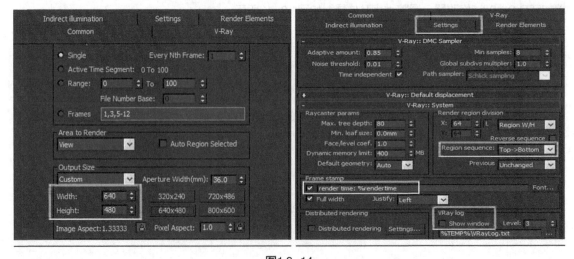

图1.3-14

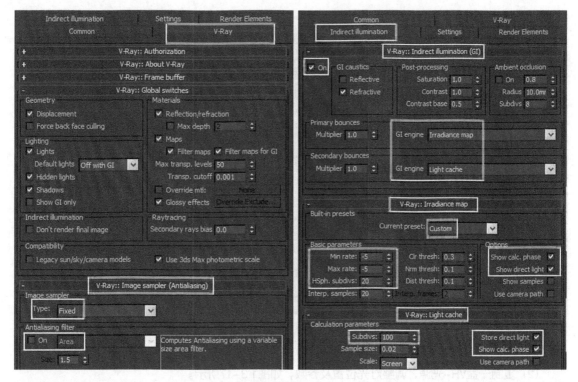

图1.3-14（续）

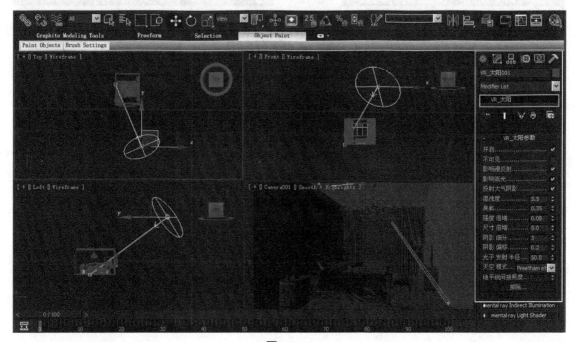

图1.3-15

3. 主光源制作

（1）VRay灯光里选择VR-光源，前视图下，捕捉窗口绘制灯光，调整灯光位置及灯光参数，如图1.3-16所示。

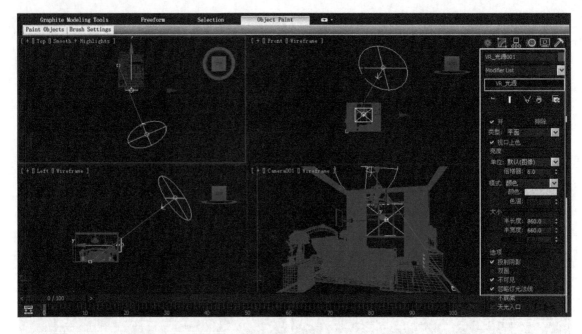

图1.3-16

(2) 复制一盏VR-光源,调整灯光位置及参数,如图1.3-17所示。

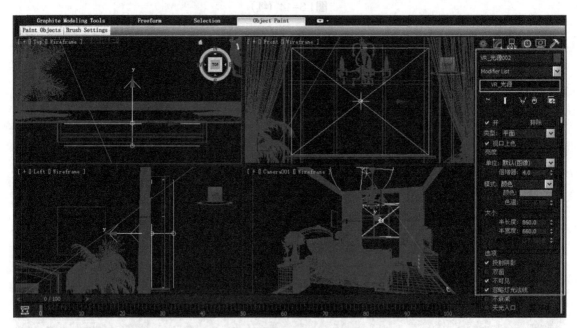

图1.3-17

三、场景主体材质制作

1. 白乳胶

隐藏灯光,取消模型冻结,调整材质球数量,如图 1.3-18 所示。

2. 墙纸

如图1.3-19所示。

3. 地板

如图1.3-20所示。

4. 理石窗台

如图1.3-21所示。

5. 玻璃

如图1.3-22所示。

6. 木纹

如图1.3-23所示。

7. 透明窗帘

如图1.3-24所示。

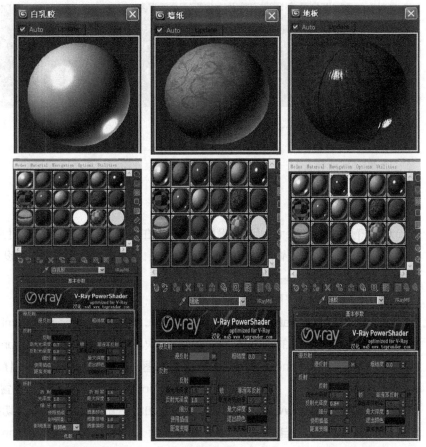

图1.3-18　　　　　　　图1.3-19　　　　　　　图1.3-20

图1.3-21　　　　　　　　　　　　　图1.3-22

至此，场景中的主要部分的材质调节完毕，场景中其他几处材质的调节方法与上面调节材质的方法类似。

图1.3-23   图1.3-24

四、渲染输出

1. 输出光子图

（1）打开Render Setup【渲染设置】窗口，在Common Parameters【共用参数】选项卡中调整光子图的输出大小，这里输出2000点的成品图，所以这里将Width【宽度】设置为800，Height【高度】设置为600即可，如图1.3-25所示。

（2）接下来，对光子图的品质进行设置。

打开Indirect illumination【间接照明】选项卡，对V-Ray:: Indirect illumination（GI）【VRay:: 间接照明（GI）】卷展栏中的Primary bounces【首次反弹】和Secondary bounces【二次反弹】进行设置；设置V-Ray:: Irradiance map【V-Ray:: 发光图】卷展栏中的Min rate【最小比率】、Max rate【最大比率】、HSph.subdivs【半球细分】、Interp.samples【插值采样】进行设置，并勾选On render end【在渲染结束后】栏中的Auto save【自动保存】和Switch to saved map【切换到保存的贴图】选项，注意要设置Auto save【自动保存】后的保存路径；设置V-Ray:: Light cache【V-Ray:: 灯光缓存】卷展栏中的Subdivs【细分】值，勾选On render end【在渲染结束后】栏中的Auto save【自动保存】和Switch to saved cache【切换到保存的缓存】选项，同样要设置Auto save【自动保存】后的保存路径，如图1.3-26所示。

2. 输出成图

（1）打开Render Setup【渲染设置】窗口，在Common Parameters【共用参数】选项卡中的Width【宽度】和Height【高度】分别输入2000和1500，在Render Output【渲染输出】栏中，勾选Save File【保存文件】选项。单击Files【文件】按钮，在弹出的Render Output File【渲染输出文件】窗口中，指定一个保存路径，并命好名字，图像保存类型为tga格式，单击【确定】按钮，设置完毕，如图1.3-27所示。

（2）切换到【V-Ray】选项卡，对V-Ray:: Image sampler（Antialiasing）【V-Ray:: 图像采样器（抗锯齿）】进行设置，如图1.3-28所示。

（3）切换到Settings【设置】选项卡，V-Ray:: DMC Sampler对【V-Ray:: 确定性蒙特卡洛采样器】进行设置，如图1.3-29所示。

为了保证成品图的画面品质，将场景中所有灯光的细分值提高。

单击Render【渲染】按钮进行渲染，得到"卧室.tga"的渲染图，如图1.3-30所示。

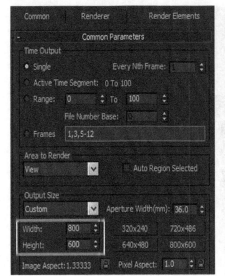
图1.3-25

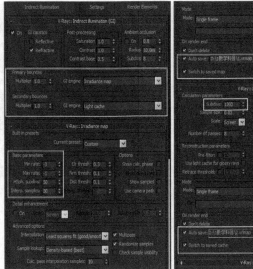
图1.3-26

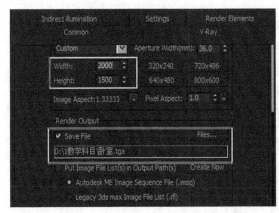
图1.3-27

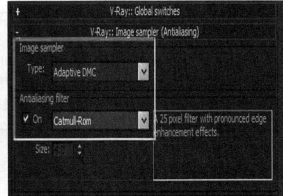
图1.3-28

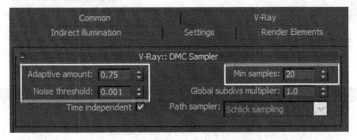
图1.3-29

（4）最后，将Max文件另存一份，删除场景里的所有灯光。在MAXScript【MAX脚本】菜单下Run Script【运行脚本】，运行"本强强"插件，把场景材质全部转换成自发光材质，渲染输出，保存为"分色通道图"，如图1.3-31所示。

 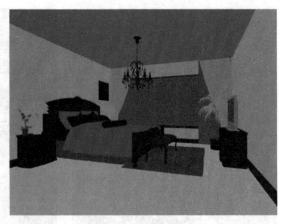

图1.3-30（附彩图）　　　　　　　　　图1.3-31（附彩图）

五、后期处理

1. 整体调整

（1）在Photoshop中打开渲染好的"卧室.tga"文件和分色通道图。

（2）按住Shift键将分色通道图拖拽到渲染图中，使其与渲染图完全重合。选择背景图层，按Ctrl+J键将其复制出来一层，移到分色通道图层的上面，如图1.3-32所示。

（3）观察场景效果，发现颜色有些偏灰偏暗，所以按Ctrl+Shift+L键，自动色阶，调整画面的黑白灰的关系；然后，按Ctrl+M键打开【曲线】窗口，整体调亮画面，如图1.3-33所示。

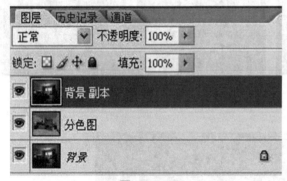 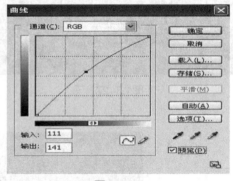

图1.3-32　　　　　　　　　　　　　　图1.3-33

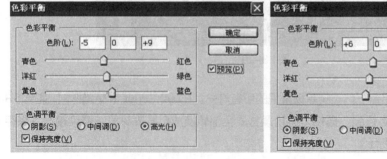

图1.3-34

(4)按Ctrl+B键打开【色彩平衡】窗口,首先选择【色彩平衡】中的【高光】选项,对其高光的色彩平衡进行调整;再选择【阴影】,对其阴影的色彩平衡进行调整,如图1.3-34所示。

2. 局部调整

(1)接下来,进入局部修改,利用"分色通道图"将场景中的棚顶选中,选择背景副本图层,按Ctrl+J键将其复制粘贴到一个新的图层中,保证该图层处于选中状态,按Ctrl+M键,对其调整,亮部加亮,暗部压暗,如图1.3-35所示。

(2)利用"分色通道图"将场景中的墙面壁纸选中,选择背景副本图层,按Ctrl+J键将其复制粘贴到一个新的图层中,保证该图层处于选中状态,按Ctrl+L键、Ctrl+M键,对其调整,让壁纸明暗对比更加分明。

(3)使用前面相同的方法,将地板部分选择出来,并复制粘贴到一个新的图层中,按Ctrl+U键,降低饱和度;按Ctrl+M键,调整其明暗对比,使其纹理更加真实自然。

(4)同样利用"分色通道图"将场景中地毯部分选择出来,并复制粘贴到一个新的图层中,按Ctrl+U键,提高饱和度;按Ctrl+M键,调整其明暗对比,如图1.3-36所示。

(5)另外,还需要对其他局部的细节进行调整,例如纱窗、窗帘、床品、床、床头柜、水晶灯等,调节方法与前面相同。

(6)为了增加画面空间的纵深感,对于远处的窗外背景,使用Ctrl+U键,降低饱和度,提高明度,使其偏灰偏白;选择【滤镜】菜单里的"高斯模糊",使其微微模糊,如图1.3-37所示。

(7)接下来,需要为场景添加配景。使用"图层蒙版",调入"油画"图片,调整好位置和大小,以及透视关系,如图1.3-38所示。

图1.3-35(附彩图)

图1.3-36(附彩图)

图1.3-37(附彩图)

图1.3-38(附彩图)

(8) 在画面近景,调入"植物",调整其大小、饱和度,目的是平衡画面。

3. 再次整体调整

(1) 放置好植物之后,按Ctrl+Shift+Alt+E键做一个盖印;在此基础之上,按Ctrl+M键,对画面整体的明暗层次进行调整,使其结构更加清晰。

(2) 对画面进行锐化处理:复制最上层,执行【滤镜】【其他】【高反差保留】命令,然后,调整图层混合模式为"柔光"模式,降低"不透明度"。最终完成效果,如图1.3-39所示。

图1.3-39(见彩图1.3-1)

(3) 最后,执行【文件】【存储为】命令,将图片保存,分别存成psd格式与jpg格式。

作品展示与点评

采用多元评价体系,即教师评价学生、学生自我评价和相互评价。充分发挥学生自我评价和相互评价的作用,让学生在评价过程中,通过观赏别人的作品,提升自身的鉴赏水平,提高交流表达的能力,增强学生的成就感,同时也认识到自己的不足之处。

根据学生的作品进行考核评分(满分100分)

序号	考核项目	满分	考核标准	得分	考核方式
1	建模	25	模型比例合理		作品展示
2	赋材质	20	材质质感真实		作品展示
3	布灯光、渲染	35	灯光布置合理、准确、渲染时间适当		作品展示
4	后期处理	15	色调统一、结构清晰、有光感质感		作品展示
5	答辩	5	回答内容准确、表达清晰、语言简练		口试
	总计得分	100			

思考与练习

1. 室内日景效果图的处理技法，在很多地方与夜景效果图的处理技法相同，但是，相对而言夜景更加注重氛围的处理。思考如何把控灯光氛围？

2. 请根据图1.3-40，做一个夜景练习，完成建模、材质和灯光的表现。在制作过程中，要注意夜景环境下的室内关系。

图1.3-40（附彩图）

任务 1.4
客厅设计效果图表现

工作任务

任务目标

1. 掌握客厅空间的特征与材质的调节。
2. 掌握室外的天光和室内人工光的布置方法,能够正确处理客厅空间的布光要求,根据设计要求为场景布置灯光。
3. 掌握后期处理的方法与技巧,能够利用效果图的直观表现,准确推动"客厅空间"设计方案的实施。

任务描述

以项目一"家居空间"的"客厅"为设计内容,根据AutoCAD图的数据进行客厅效果图的制作,最终的效果如图1.4-1所示。

图1.4-1(附彩图)

通过观察场景发现，这个客厅的空间很大，它的入光口是窗口，主光源是太阳和天光；室内的人工光主要表现为顶棚的灯带及吊顶周边的射灯。

场景中的材质主要有白乳胶、细木工板、地板、黑色镜面玻璃、玻璃、木纹和窗帘等。

制作流程是制作客厅基本场景、布置灯光、制作主体材质、渲染输出和后期处理。

客厅是公共空间，具有娱乐与会客一体的功能。就设计而言，除了要考虑其功能性外，还要强调艺术性。在表现客厅效果图时，一般要采用暖色调，突出温馨的气氛与舒适的感觉。

知识准备

见任务 1.3"知识准备"。

任务实施

一、制作客厅基本场景

1. 制作客厅墙体

打开AutoCAD软件，打开图纸，整理图纸删除标注，调整比例，图纸保存，如图1.4-2所示。

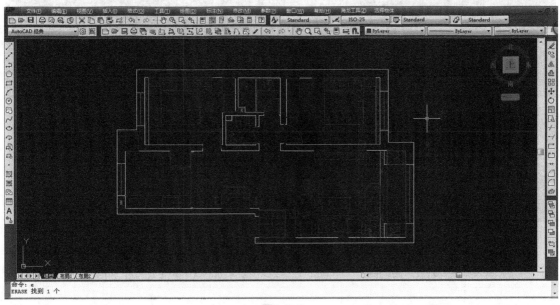

图1.4-2

打开3ds Max 2011软件，单击菜单栏File【文件】，Import【导入】图纸，选择图形，单击菜单栏Group【成组】，将图纸归零，冻结Freeze Selection【冻结】图形，如图1.4-3所示。

打开捕捉，绘图菜单下选择Rectangle【矩形】，顶视图捕捉卧室内墙，修改面板下选择Extrude【挤出】，输入数值2800，如图1.4-4所示。

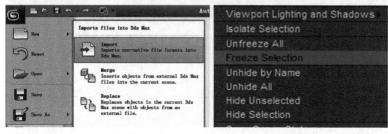

图1.4-3

图1.4-4

选择图形，鼠标右键塌陷成Editable Poly【可编辑多边形】，鼠标右键Object Properties【对象属性】，勾选Backface Cull【背面消隐】，选择图形在堆栈栏里填加Normal【法线】，如图1.4-5所示。

2. 窗户、门口的制作

（1）在Editable Poly【可编辑多边形】子层集下选择Edge【边】，选择Connect【连接】，连接边数2，按平面图调整窗口的位置，如图1.4-6所示。

（2）在Editable Poly【可编辑多边形】子层集下选择Polygon【面】，点选窗口图形，操作栏下选择Extrude【挤出】，输入值-240，删除面，如图1.4-7所示。

图1.4-5

图1.4-6

项目1 家居空间设计计算机效果图表现

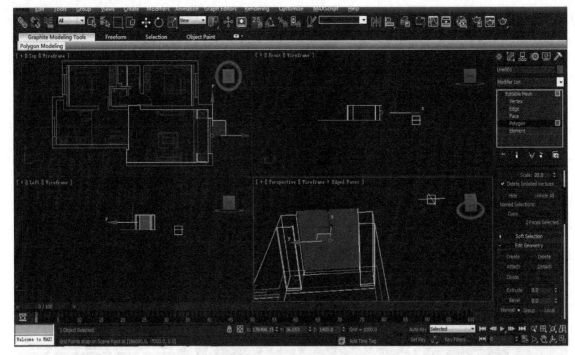

图1.4-7

（3）用Rectangle【矩形】工具，在前视图下，捕捉窗口绘制矩形，选择矩形转换成Editable Spline【可编辑样条线】，子层集下选择Spline【样条线】，操作栏下选择Outline【轮廓】，输入值40；填加Extrude【挤出】，输入值40，完成窗户的绘制，调整窗户位置，如图1.4-8所示。

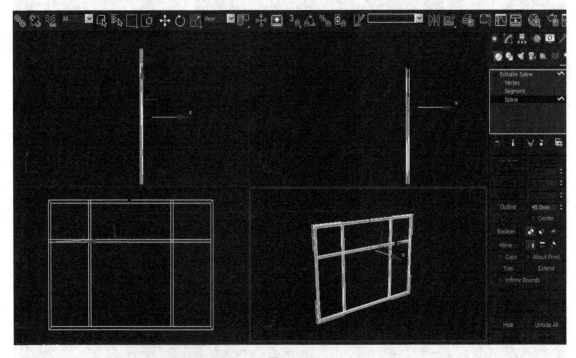

图1.4-8

3. 石膏线和踢脚线的制作

用Line工具前视图绘制石膏线截面，用Rectangle【矩形】工具在顶视图绘制路径，选择截面图形，在三维实体中选择Compound Objects【复合对象】中的Loft【放样】，点击Get Path【拾取路径】，拾取路径图形，调整石膏线位置。同理绘制踢脚线，如图1.4-9所示。

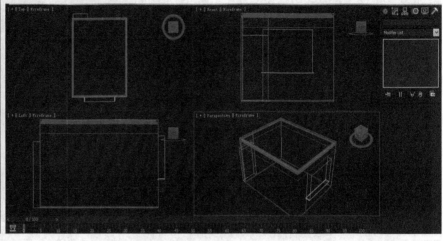

图1.4-9

4. 摄像机制作

绘制菜单栏中选择Camera【摄像机】，在顶视图中绘制Target【目标摄像机】，调整摄像机广角、方向、位置，如图1.4-10所示。

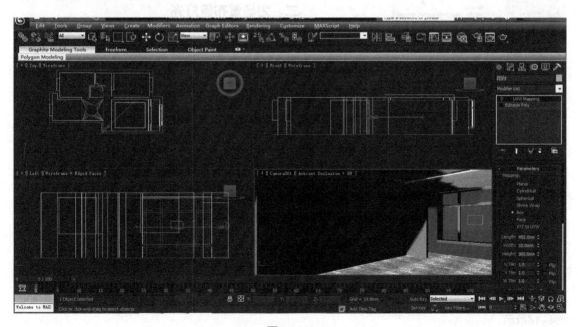

图1.4-10

5. 导入场景模型

单击菜单栏File【文件】，Import【导入】下选择Merge【合并】，选择模型，导入模型，在模型中填加FFD 2＊2＊2修改器，调整大小及位置，如图1.4-11所示。

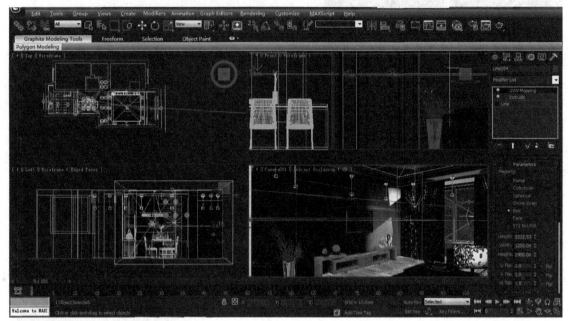

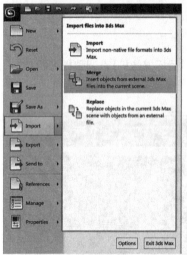

图1.4-11

二、为场景布置灯光

1. 设置试渲参数

打开Render Setup【渲染设置】窗口，在Common Parameters【共用参数】选项卡中调整试渲的输出大小；同时，对Settings【设置】、【V-Ray】、Indirect illumination【间接照明】选项卡中的选项进行设置，如图1.4-12所示。

2. 太阳光制作

冻结所有模型，将渲染器改成VRay，在绘制栏里选择VRay灯光，选择VR-太阳，调整灯光位置及灯光参数，如图1.4-13所示。

3. 主光源制作

（1）VRay灯光里选择VR-光源，前视图下，捕捉窗口绘制灯光，调整灯光位置及灯光参数，如图1.4-14所示。

（2）复制一盏VR-光源，调整灯光位置及参数，如图1.4-15所示。

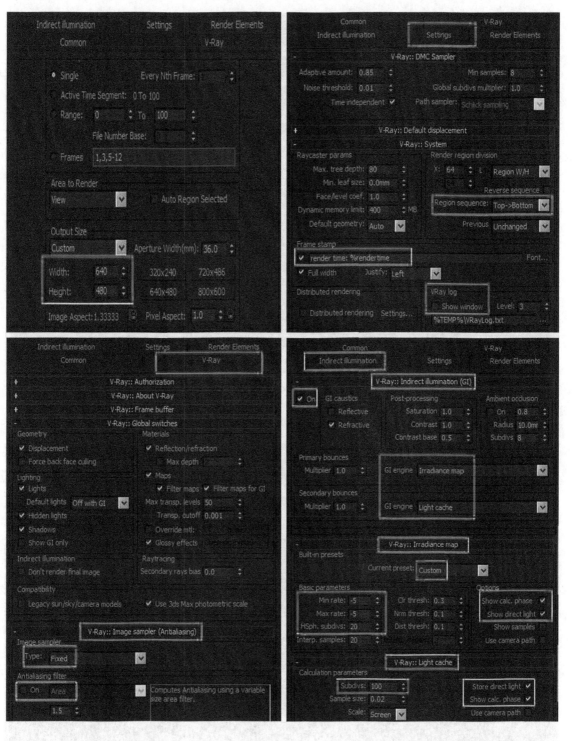

图1.4-12

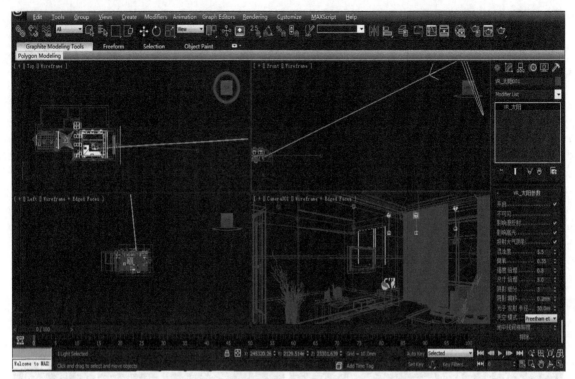

图1.4-13

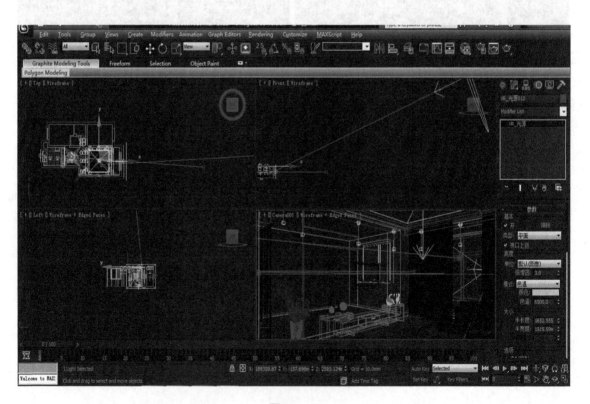

图1.4-14

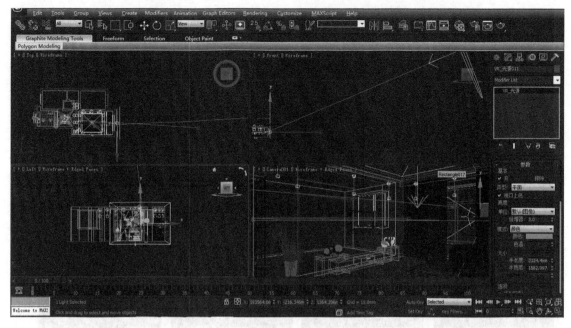

图1.4-15

三、场景主体材质制作

1. 白乳胶

隐藏灯光，取消模型冻结，调整材质球数量，如图1.4-16所示。

2. 背景墙

如图1.4-17所示。

3. 地板

如图1.4-18所示。

4. 阳台墙面砖

如图1.4-19所示。

5. 玻璃

如图1.4-20所示。

6. 黑镜

如图1.4-21所示。

7. 木纹

如图1.4-22所示。

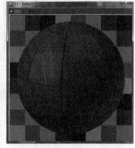

图1.4-16　　　　图1.4-17　　　　图1.4-18

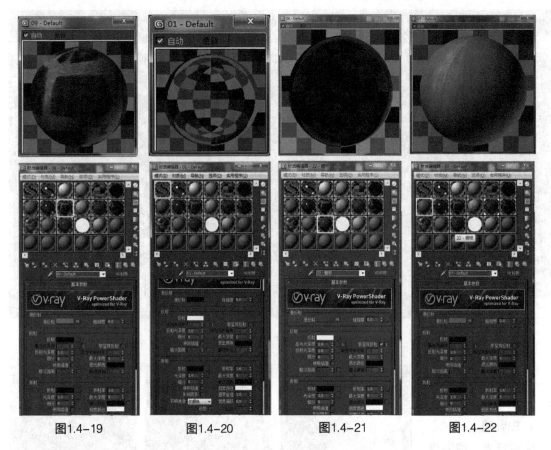

图1.4-19　　　　　图1.4-20　　　　　图1.4-21　　　　　图1.4-22

至此，场景中主要部分的材质调节完毕，场景中其他几处材质的调节方法与上面调节材质的方法类似。

四、渲染输出

1. 输出光子图

（1）打开Render Setup【渲染设置】窗口，在Common Parameters【共用参数】选项卡中调整光子图的输出大小，这里输出2000点的成品图，所以将Width【宽度】设置为800，Height【高度】设置为600即可，如图1.4-23所示。

（2）接下来，对光子图的品质进行设置。

打开Indirect illumination【间接照明】选项卡，对V-Ray:: Indirect illumination（GI）【V-Ray:: 间接照明（GI）】卷展栏中的Primary bounces【首次反弹】和Secondary bounces【二次反弹】进行设置；设置V-Ray:: Irradiance map【V-Ray:: 发光图】卷展栏中的Min rate【最小比率】、Max rate【最大比率】、HSph.subdivs【半球细分】、Interp.samples【插值采样】，并勾选On render end【在渲染结束后】栏中的Auto save【自动保存】和Switch to saved map【切换到保存的贴图】选项，注意要设置Auto save【自动保存】后的保存路径；设置V-Ray:: Light cache【V-Ray:: 灯光缓存】卷展栏中的Subdivs【细分】值，勾选On render end【在渲染结束后】栏中的Auto save【自动保存】和Switch to saved cache【切换到保存的缓存】选项，同样要设置Auto save【自动保存】后的保存路径，如图1.4-24所示。

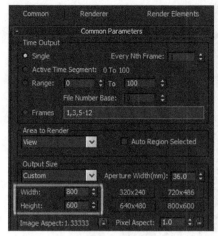
图1.4-23

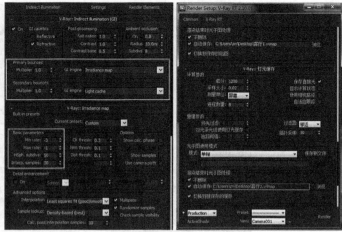
图1.4-24

2. 输出成图

（1）打开Render Setup【渲染设置】窗口，在Common Parameters【共用参数】选项卡中的Width【宽度】和Height【高度】输入图片像素，在Render Output【渲染输出】栏中，勾选Save File【保存文件】选项。单击File【文件】按钮，在弹出的Render Output File【渲染输出文件】窗口中，指定一个保存路径，并命好名字，图像保存类型为tga格式，单击【确定】按钮，设置完毕，如图1.4-25所示。

（2）切换到【V-Ray】选项卡，对V-Ray:: Image sampler（Antialiasing）【V-Ray:: 图像采样器（抗锯齿）】进行设置，如图1.4-26所示。

（3）切换到Settings【设置】选项卡，V-Ray:: DMC Sampler对【V-Ray:: 确定性蒙特卡洛采样器】进行设置，如图1.4-27所示。

为了保证成品图的画面品质，将场景中所有灯光的细分值提高。

单击Render【渲染】按钮进行渲染，得到"卧室.tga"的渲染图，如图1.4-28所示。

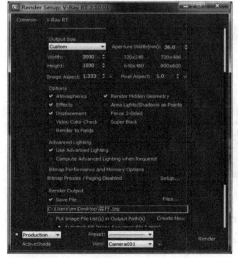
图1.4-25

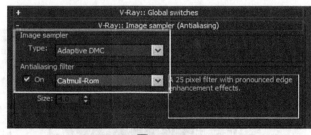
图1.4-26

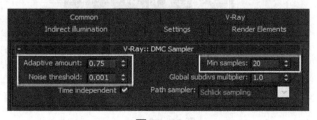
图1.4-27

图1.4-28（附彩图）

五、后期处理

1. 实施步骤的总体描述

使用Photoshop软件对图像的亮度以及对比度和饱和度进行调整，使效果更加生动、逼真。主要使用到的命令有"曲线"、"高斯模糊"、"USM锐化"等。

2. 具体实施过程

（1）在Photoshop中打开渲染好的"客厅.tga"文件。在图层面板复制一个新的图层，如图1.4-29所示。

（2）运行菜单命令"图像"→"调整"→"曲线"，然后单击"自动"按钮，如图1.4-30所示。

（3）再次复制"背景副本"图层，得到"背景副本2"图层，如图1.4-31所示。

（4）再次运行菜单命令"图像"→"调整"→"曲线"，对话框中的曲线调整，如图1.4-32所示。

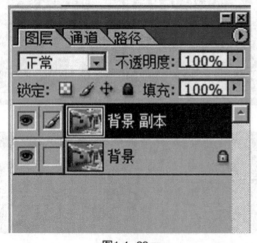

图1.4-29

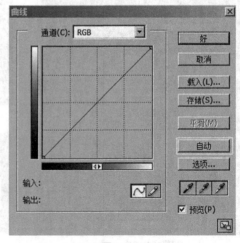

图1.4-30

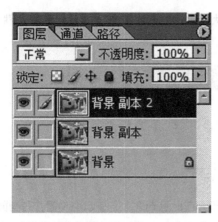
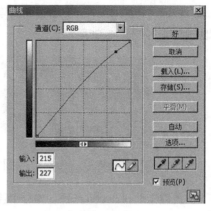

图1.4-31　　　　　　　　　　　图1.4-32

（5）为"背景副本2"图层添加一个蒙版，并填充黑色。图1.4-33、图1.4-34为填充前后的比较。

图1.4-33（附彩图）

图1.4-34（附彩图）

(6) 在工具栏选择画笔工具,设置合适的画笔大小。设置前背景色为白色,保持在蒙版图层,在需要提亮的地方绘制,如图1.4-35所示。

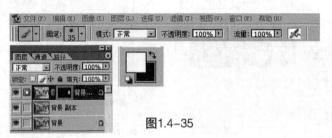

图1.4-35

(7) 按下快捷键Ctrl+Shift+Alt+E键,做一个盖印,在此基础之上,按Ctrl+M键,对画面整体的明暗层次进行调整,使其结构更加清晰。施加菜单命令"滤镜"→"模糊"→"高斯模糊",参数设置如图1.4-36所示。模糊后的效果如图1.4-37所示。

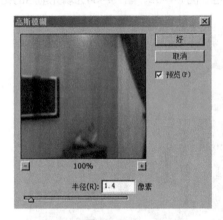

图1.4-36

图1.4-37(附彩图)

(8) 在图层混合模式中选择"柔光"模式,并降低图层不透明度,如图1.4-38所示。

(9) 再次按下快捷键Ctrl+Shift+Alt+E键,做一个盖印,并施加菜单命令"滤镜"→"锐化"→"USM锐化",参数设置如图1.4-39所示。

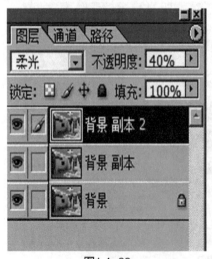

图1.4-38

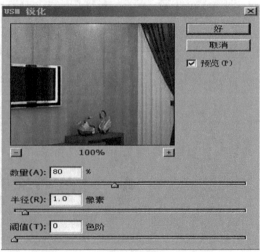

图1.4-39

图1.4-40（见彩图1.4-1）

（10）后期处理完成，最终效果如图1.4-40所示。

作品展示与点评

采用多元评价体系，即教师评价学生、学生自我评价和相互评价。充分发挥学生自我评价和相互评价的作用，让学生在评价过程中，通过观赏别人的作品，提升自身的鉴赏水平，提高交流表达的能力，增强学生的成就感，同时也认识到自己的不足之处。

根据学生的作品进行考核评分（满分100分）

序号	考核项目	满分	考核标准	得分	考核方式
1	建模	25	模型比例合理		作品展示
2	赋材质	20	材质质感真实		作品展示
3	布灯光、渲染	35	灯光布置合理、准确、渲染时间适当		作品展示
4	后期处理	15	色调统一、结构清晰、有光感质感		作品展示
5	答辩	5	回答内容准确、表达清晰、语言简练		口试
	总计得分	100			

思考与练习

1. 思考如何在后期处理上用图层模式来强化对比效果？
2. 请参考本案例的任务文件做一个欧式客厅练习，要注意客厅吊顶的设计，使其更丰富。

参考文献

1. 刘芳. 2011. 室内设计效果图表现技法精讲[M]. 北京：中国铁道出版社.
2. 孟莎. 2010. 室内设计效果图表现技法[M]. 北京：中国青年出版社.
3. 刘正旭. 2012. 3ds Max 2012从入门到精通[M].北京： 科学出版社.
4. 张媛媛. 2013. 3ds Max/VRay/Photoshop室内设计完全学习手册[M]. 北京：中国铁道出版社.
5. 宿晓辉. 2013. 3ds Max & VRay效果图制作及疑难精解[M]. 北京：清华大学出版社.
6. 郑海超，刘聚泽. 2010. 3ds Max/VRay印象 室内空间设计与表现技法Ⅱ[M]. 北京：人民邮电出版社.
7. 杨伟. 2011. VRay渲染密码——实战效果对比分析[M]. 北京： 清华大学出版社.
8. 李斌，朱立银. 2012. 3ds Max/VRay印象 室内家装效果图表现技法[M]. 2版. 北京： 人民邮电出版社.
9. 张媛媛. 2012. Max/VRay室内设计材质速查手册（畅销版）[M]. 北京： 中国铁道出版社.
10. 耿坤，冯勇. 2013. 3ds Max室内效果图设计与制作（家居篇）[M]. 北京： 机械工业出版社.
11. http：//www.snren.com（室内人）
12. http：//www.hxsd.com（火星网）
13. http：//pinge.focus.cn（品格）

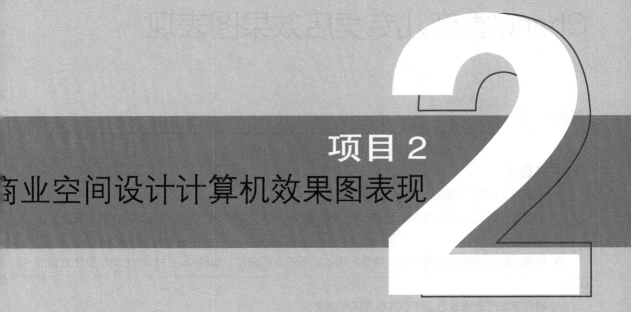

项目 2
商业空间设计计算机效果图表现

知识目标
1. 了解商业空间的特征和设计风格。
2. 掌握商业空间设计计算机效果图表现的渲染流程。
3. 掌握商业空间设计计算机效果图表现的技巧和方法。

技能目标
1. 能够运用计算机软件准确、细致地绘制商业空间效果图。
2. 能够快速表现设计师的设计方案,有效提高设计师的表达能力。

任务 2.1
Chanel香奈儿专卖店效果图表现

工作任务

任务目标
1. 掌握专卖店空间的特征与材质的调节。
2. 掌握室外的天光和室内人工光的布置方法,能够正确处理卖场空间的布光要求,根据设计要求为场景布置灯光。
3. 掌握后期处理的方法与技巧,能够利用效果图的直观表现,准确推动"卖场空间"设计方案的实施。
4. 培养学生严谨细致的工作态度和交流沟通意识。

任务描述
以项目二"商业空间"的"专卖店"为设计内容,根据香奈儿品牌"高雅、简约、精致"的设计理念进行设计制作,最终的效果,如图2.1-1所示。

通过观察场景发现,这个专卖店的空间是狭长的,入光口是远处的窗口,主光源是冷色的天光;室内的人工光主要表现为顶棚处的射灯,射灯的光为暖光。

图2.1-1(附彩图)

场景中的材质主要有乳胶漆、墙面装饰板、地面石材、木纹、内衣布料、沙发布料、金属和窗外背景等。

制作流程是创建专卖店的基本场景、制作主体材质、布置灯光、渲染输出和后期处理。

专卖店是商业空间，有别于其他空间，具有展示商品、为人服务的特征。就设计而言，除了要考虑其功能性外，还要强调休闲性、文化性与艺术性。在表现专卖店效果图时，一般要注意空间氛围，突出其独特的品味与愉悦的感觉。

该任务是计算机实践操作，以个人为单位进行。要求每人在任务完成后展示自己的作品互评并进一步修改与完善。

知识准备

一、命令

(1) Import【导入】
(2) Group【成组】
(3) Attach【附加】
(4) Outline【轮廓】
(5) Weld【焊接】
(6) Extrude【挤出】
(7) Edit Poly【编辑多边形】
(8) Edit Splie【编辑样条线】
(9) Bevel【倒角】
(10) VRayMtl【VR材质】
(11) Standard【标准材质】
(12) VRayMtl【VR材质】的Reflect【反射】
(13) VRayMtl【VR材质】的Refl.glossiness【反射模糊】
(14) VRayMtl【VR材质】的Refract【折射】
(15) VRayMtl【VR材质】的Glossiness【折射模糊】
(16) VRayMtl【VR材质】的Trace reflections【追踪反射】
(17) VRayLightMtl【VR灯光材质】
(18) Mask贴图
(19) VRayLight【VR灯光】中的"Plane面光源"
(20) Photometric Web【光度学的光域网】
(21) Photoshop图层模式——叠加
(22) Photoshop色阶
(23) Photoshop曲线
(24) Photoshop色相/饱和度

二、技法

(1) VRayMtl【VR材质】，模拟真实材质表现。
(2)【模糊】反射的应用，菲尼尔反射的使用。
(3) 自然光的进退关系以及灯光氛围的把控。
(4) 图层蒙版：在效果图制作当中同一图层的图片，有的希望显示有的希望隐藏，图层蒙版是个很好的工具，在蒙版图层里涂白色，可以将不需要显示的部分隐藏起来；在蒙版图层里涂黑色，可以将需要显示的部分显示出来。
(5) 快速蒙版：在后期处理时经常会遇到处理物体渐变退晕效果，快速蒙版是个很好的工具，可以方便的选择带有渐变效果的选区。
(6) 添加配景时，要有一定的逻辑顺序，一般从大面积到小面积，从主到次，再到细部。
(7) 空间关系遵循的原则：近大远小，近实远虚，近景暗，远景亮。目的是提升空间的纵深感。
(8) 后期制作流程：添加配景时要有一定的逻辑顺序。一般从大面积到小面积，从远景到近景。

任务实施

一、制作专卖店基本场景

打开3ds Max 2011软件,单击菜单栏Customize【自定义】,Units Setup【单位设置】,选择Millimeters【毫米】,如图2.1-2所示。

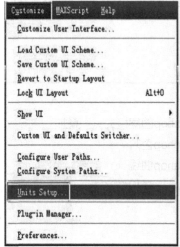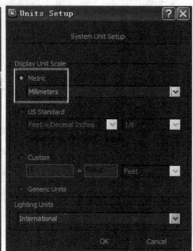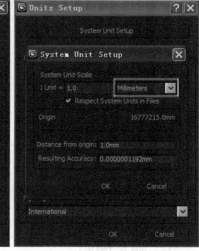

图2.1-2

1. 制作地面

在Create【创建】面板中,用Box【方体】工具在顶视图创建地面,设置参数,如图2.1-3所示。

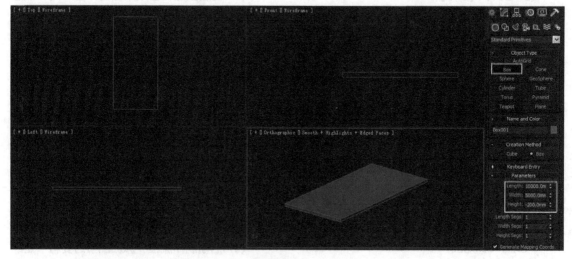

图2.1-3

2. 制作墙体与顶棚

(1) 选择图形，用Rectangle【矩形】工具，在前视图下绘制矩形。打开捕捉按钮，用Arc【弧】工具绘制弧形，如图2.1-4所示。

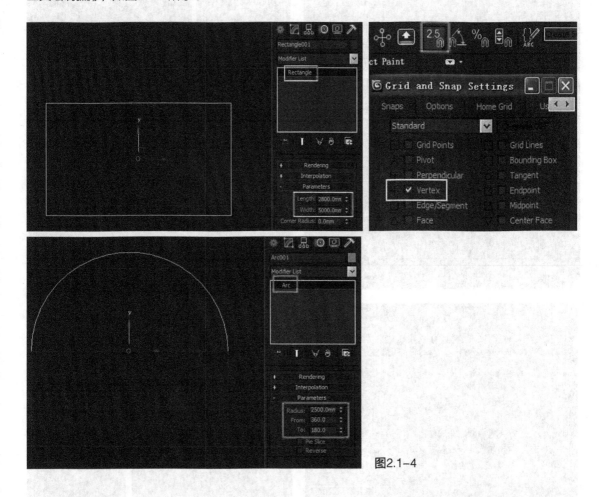

图2.1-4

(2) 选择矩形，鼠标右键，将其转化成可编辑样条线，切换到修改面板，点击Attach【附加】，选择弧形，使两个图形合并成为一个图形。进入到Segment【线段】层级，删掉2根横线段。进入到Vertex【点】层级，焊接矩形和弧形的交接点。进入到Spline【样条线】层级，点击Outline【轮廓】按钮。参数设置如图2.1-5所示。

(3) 切换到修改面板，在修改器列表里选择Extrude【挤出】，输入数值9800，如图2.1-6所示。

3. 制作窗口与窗户

同理，选择Rectangle【矩形】工具和Arc【弧】工具，用上述方法，制作窗口和窗户，调整其位置，如图2.1-7所示。

4. 创建摄像机

Create【创建】面板中，选择Camera【摄像机】，在顶视图中绘制Target【目标摄像机】，注意方向。在左视图调整高度和位置，切换到修改面板调整摄像机的焦距，如图2.1-8所示。

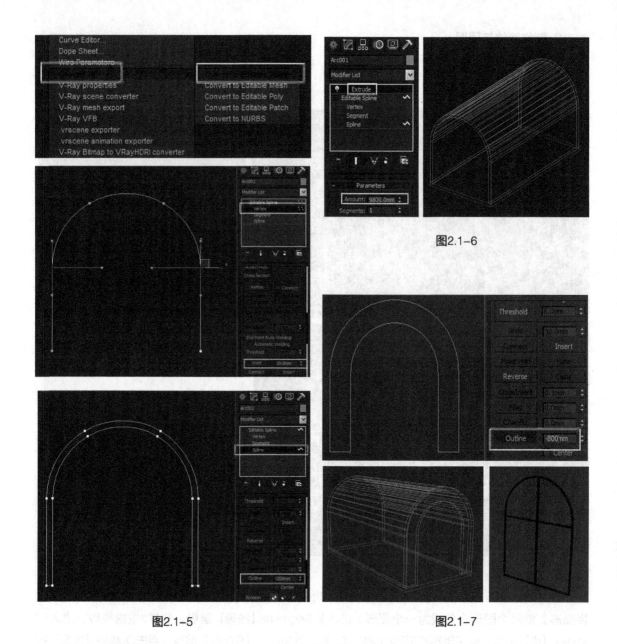

图2.1-5　　　　　　　　　　　　图2.1-7

5. 制作墙面装饰板

（1）用Box【方体】工具在左视图创建墙面装饰板，参数如图2.1-9所示。

（2）鼠标右键，将其转换为Editable Poly【可编辑多边形】，切换到修改面板，进入到Polygon【面】层级，选择11个面，点击Bevel【倒角】按钮。参数设置如图2.1-10所示。

（3）在顶视图中，将前面创建好的装饰板以Instance【实例】的方式复制出一个，调整位置，放置在另一侧的墙壁处，如图2.1-11所示。

6. 制作天花装饰线

用Arc【弧】工具绘制天花装饰线截面，鼠标右键，将其转换为Editable Spline【可编辑样条线】，切换到修改面板，进入到Spline【样条线】层级，点击Outline【轮廓】按钮，参数为50；然后，在修改器列表里选择Extrude【挤出】，Amount【数值】为100。在顶视图中，以Instance【实例】的方式复制出两个，调整它们的位置，如图2.1-12所示。

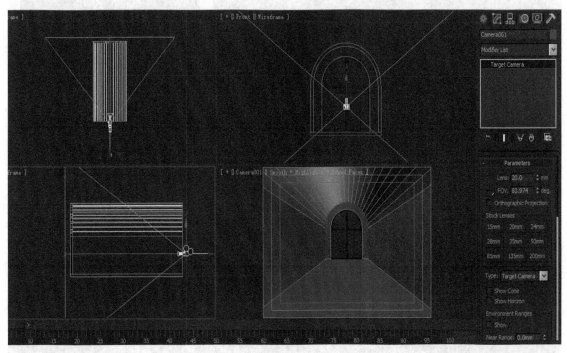

图2.1-8

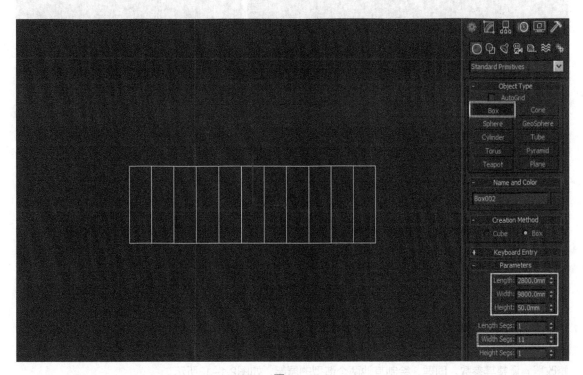

图2.1-9

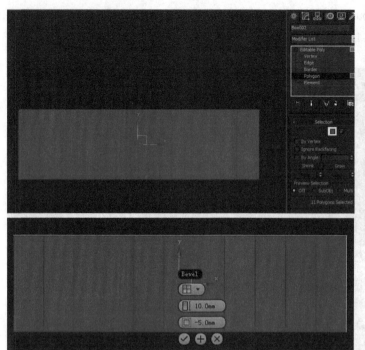

图2.1-10

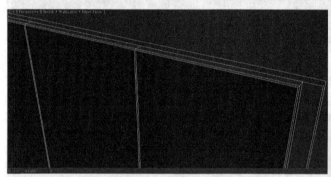
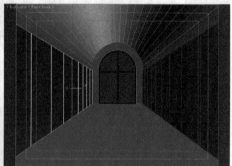

图2.1-11

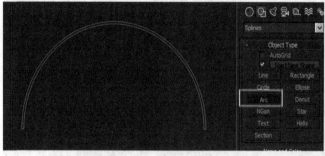
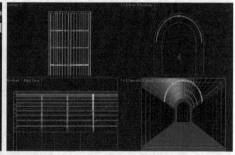

图2.1-12

7. 制作物品展架

（1）用Rectangle【矩形】工具在左视图绘制展架截面，然后，修改面板下选择Extrude【挤出】修改器，调整其参数。同理，绘制其他两个造型的展架，如图2.1-13所示。

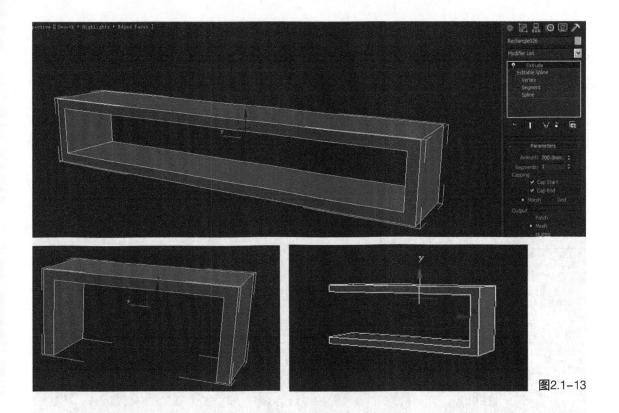

图2.1-13

（2）调整这些展架的位置和高度。如图2.1-14所示。

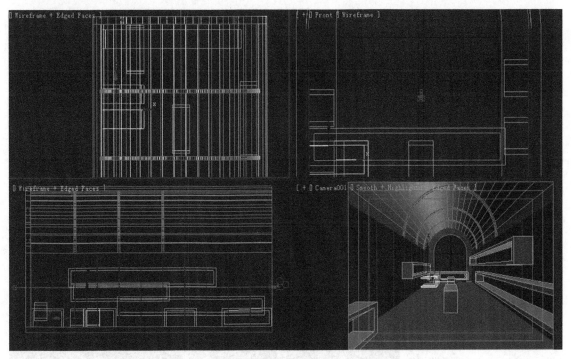

图2.1-14

项目2 商业空间设计计算机效果图表现 083

8. 制作窗外背景

选择Shapes【图形】创建面板中的Arc【弧】工具,在顶视图绘制窗外背景,修改面板下选择Extrude【挤出】修改器,调整其位置和高度,如图2.1-15所示。

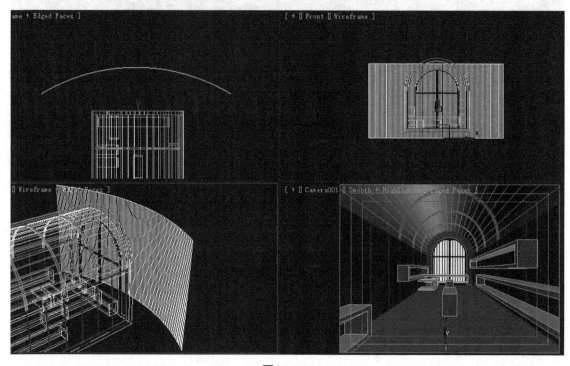

图2.1-15

9. 合并其他模型

(1) 单击菜单栏File【文件】,Import【导入】下选择Merge【合并】,选择需要的模型,导入模型,如图2.1-16所示。

(2) 这些模型包括女模、内衣、帽子、鞋、包、射灯和植物等,调整模型的大小及位置,如图2.1-17所示。

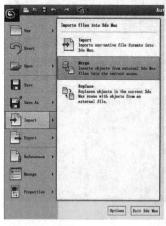

图2.1-16　　　　　　　　　　　　图2.1-17

至此，专卖店的场景已创建完毕。

二、场景主体材质制作

1. 天花乳胶漆

首先，将材质类型设置为VRayMtl【VR材质】。调节Diffuse【漫反射】颜色、Hilght glossiness【高光光泽度】；去掉Trace reflection【跟踪反射】的勾选，目的是只有高光，没有反射，如图2.1-18所示。

2. 墙面装饰板

在这里，需要注意的是在Bump【凹凸】通道上添加Bitmap【位图】贴图，Blur【模糊】为0.1，凹凸数值设置为50，如图2.1-19所示。

3. 地面石材

如图2.1-20所示。

4. 木纹

如图2.1-21所示。

5. 内衣布料

在Diffuse【漫反射】通道上添加Falloff【衰减】贴图，如图2.1-22所示。

6. 金属

如图2.1-23所示。

7. 沙发布料

在这里，材质类型使用默认Standard，并添加Self-Illumination【自发光】通道的Mask【遮罩】贴图，以及Bump【凹凸】通道的Bitmap【位图】贴图。如图2.1-24所示。

8. 窗外背景

材质类型使用VRayLightMtl【VR灯光材质】，并添加Bitmap【位图】贴图，如图2.1-25所示。

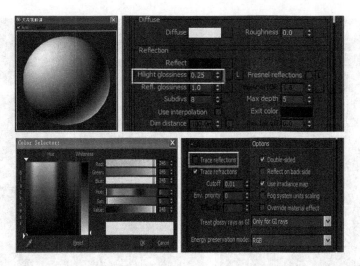

图2.1-18

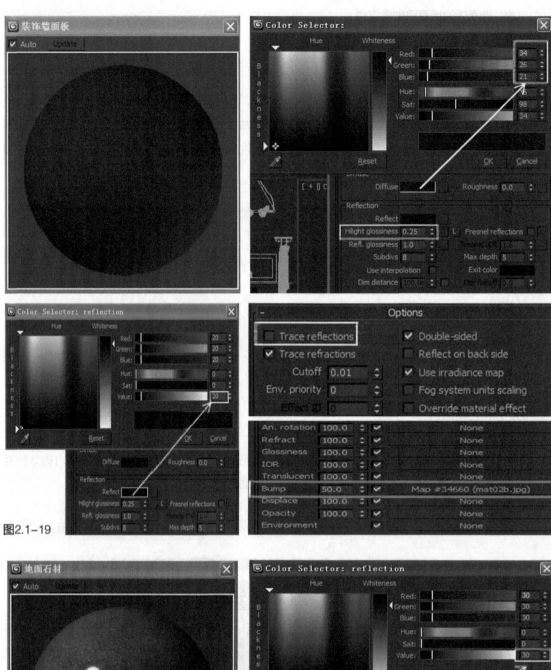

图2.1-19

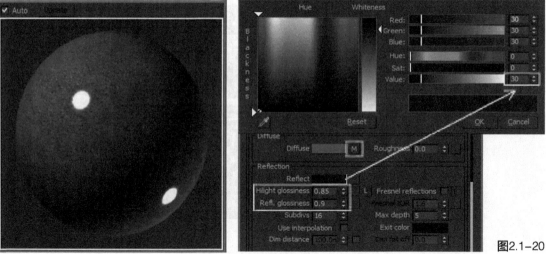

图2.1-20

086 ■ 室内设计计算机效果图表现

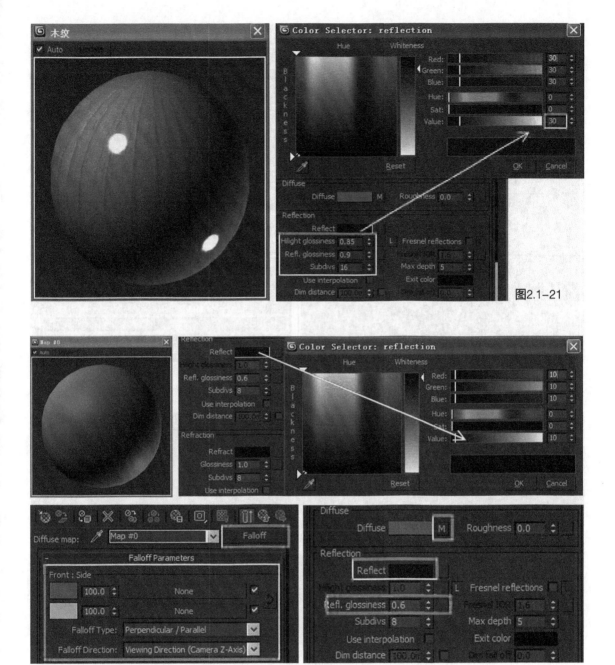

图2.1-21

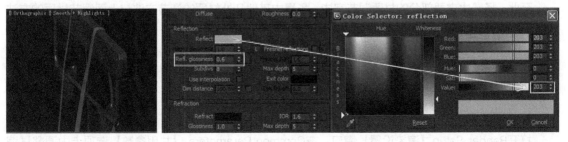

图2.1-22

图2.1-23

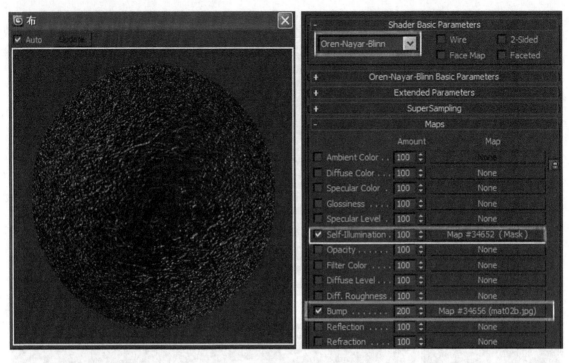

图2.1-24

图2.1-25

至此,场景中主要部分的材质调节完毕,场景中其他几处材质的调节方法与上面调节材质的方法类似。

三、为场景布置灯光

1. 设置试渲参数

打开Render Setup【渲染设置】窗口,在Common Parameters【共用参数】选项卡中调整试渲的输出大小；同时，对Settings【设置】、【V-Ray】、Indirect illumination【间接照明】选项卡中的选项进行设置，如图2.1-26所示。

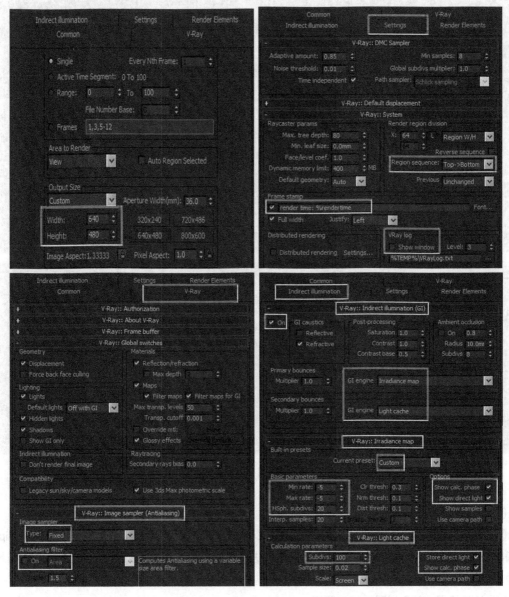

图2.1-26

2. 天光制作

（1）切换到命令面板，在Create【创建】面板下单击Lights【灯光】，在下拉菜单中选择VRay选项，单击VRay Light【VR灯光】按钮，使用Plane【VR面光】来模拟天光。在前视图创建灯光，因方向相反，故镜像灯光，使光线照进室内；调整灯光位置及灯光参数，如图2.1-27所示。

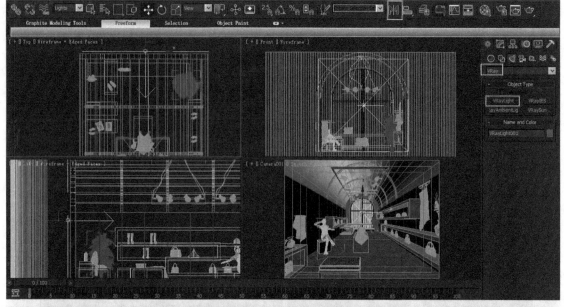

图2.1-27

(2) 渲染场景，效果如图2.1-28所示。

(3) 在顶视图中，将前面创建好的VR灯光以Copy的方式复制出两盏，调整灯光位置及Multiplier【倍增器】、Size【大小】参数，目的是表现天光递进关系的过渡，增强室外天光，使天光延续进入室内，如图2.1-29所示。

(4) 渲染场景，效果如图2.1-30所示。

3. 人工光制作

场景中的人工光主要是顶棚处的射灯，这里用Photometric Web【光度学的光域网】文件来模拟射灯。

(1) 在Lights【灯光】下拉菜单中选择Photometric【光度学】选项，创建Target Light【目标灯光】，在Light Distribution (Type)【灯光分布（类型）】下拉菜单中选择Photometric Web，加载光域网5.ies文件，调整灯光位置及灯光参数，如图2.1-31所示。

图2.1-28（附彩图）

图2.1-30（附彩图）

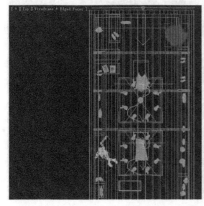
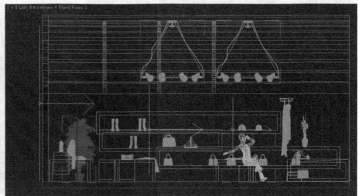
图2.1-29

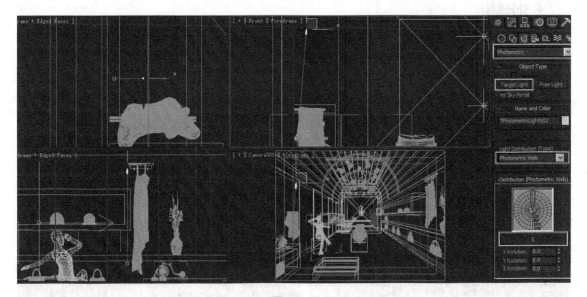
图2.1-31

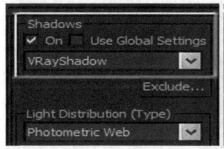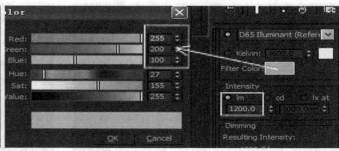

图2.1-31（续）

（2）在顶视图中，将前面创建好的射灯以Instance【实例】的方式复制出来7盏，调整灯光位置。再复制出1盏，放置右侧的挂衣处。渲染场景，如图2.1-32所示。

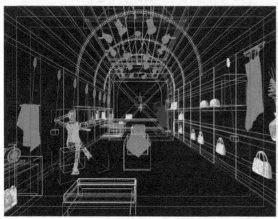

图2.1-32（附彩图）

4. 补光制作

观察场景，发现画面近处有些偏暗。

选择VR面光来模拟补光。在前视图创建灯光，调整灯光位置及灯光参数，渲染场景，如图2.1-33所示。

至此，场景中的灯光已设置完毕。

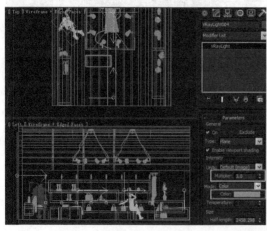

图2.1-33（附彩图）

四、渲染输出

1. 输出光子图

（1）打开Render Setup【渲染设置】窗口，在Common Parameters【共用参数】选项卡中调整光子图的输出大小，这里输出2000点的成品图，所以这里将Width【宽度】设置为800，Hight【高度】设置为600即可，如图2.1-34所示。

（2）接下来，对光子图的品质进行设置。打开Indirect illumination【间接照明】选项卡，对V-Ray:: Indirect illumination（GI）【VRay:: 间接照明（GI）】卷展栏中的Primary bounces【首次反弹】和Secondary bounces【二次反弹】进行设置；设置V-Ray:: Irradiance map【V-Ray:: 发光图】卷展栏中的Min rate【最小比率】、Max rate【最大比率】、HSph.subdivs【半球细分】、Interp.samples【插值采样】，并勾选On render end【在渲染结束后】栏中的Auto save【自动保存】和Switch to saved map【切换到保存的贴图】选项，注意要设置Auto save【自动保存】后的保存路径；设置V-Ray:: Light cache【V-Ray:: 灯光缓存】卷展栏中的Subdivs【细分】值，勾选On render end【在渲染结束后】栏中的Auto save【自动保存】和Switch to saved cache【切换到保存的缓存】选项，同样要设置Auto save【自动保存】后的保存路径，如图2.1-35所示。

2. 输出成图

（1）打开Render Setup【渲染设置】窗口，在Common Parameters【共用参数】选项卡中的Width【宽度】和Hight【高度】输入图片像素，在Render Output【渲染输出】栏中，勾选Save File【保存文件】选项。单击File【文件】按钮，在弹出的Render Output File【渲染输出文件】窗口中，指定一个保存路径，并命好名字，图像保存类型为tga格式，单击【确定】按钮，设置完毕，如图2.1-36所示。

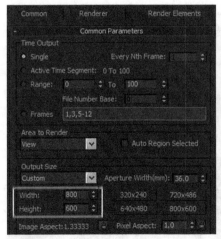
图2.1-34

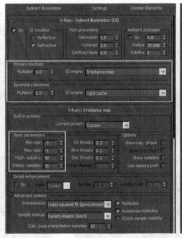
图2.1-35

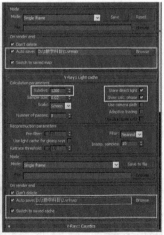

（2）切换到【V-Ray】选项卡，对V-Ray:: Image sampler（Antialiasing）【V-Ray:: 图像采样器（抗锯齿）】进行设置，如图2.1-37所示。

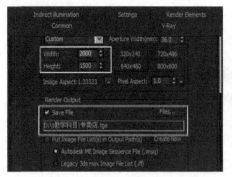
图2.1-36

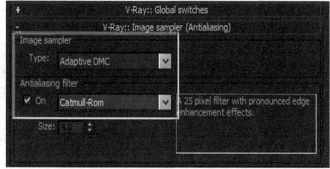
图2.1-37

（3）切换到Settings【设置】选项卡，对V-Ray:: DMC Sampler【V-Ray:: 确定性蒙特卡洛采样器】进行设置，如图2.1-38所示。

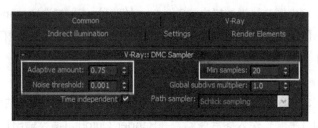
图2.1-38

为了保证成品图的画面品质，将场景中所有灯光的细分值提高。

单击Render【渲染】按钮进行渲染，得到"Chanel香奈儿专卖店.tga"的渲染图，如图2.1-39所示。

（4）最后，将Max文件另存一份，删除场景里的所有灯光。在MAXScript【MAX脚本】菜单下Run Script【运行脚本】，运行"本强强"插件，把场景材质全部转换成自发光材质，渲染输出，保存为"分色通道图"，如图2.1-40所示。

图2.1-39（附彩图）

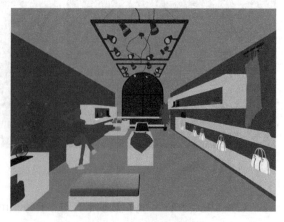
图2.1-40（附彩图）

五、后期处理

1. 整体调整

（1）在Photoshop中打开渲染好的"专卖店.tga"文件和分色通道图。

（2）按住Shift键将分色通道图拖拽到渲染图中，使其与渲染图完全重合。选择背景图层，按Ctrl+J键将其复制出一层，移到分色通道图层的上面，如图2.1-41所示。

（3）按Ctrl+L键打开【色阶】窗口，点击【自动】，如图2.1-42所示。

2. 局部调整

（1）接下来，进入局部修改，利用"分色通道图"将场景中的墙面装饰板选中，选择背景副本图层，按Ctrl+J 键将其复制粘贴到一个新的图层中，保证该图层处于选中状态，按Ctrl+M键，对其调整，亮部加亮，暗部压暗，如图2.1-43所示。

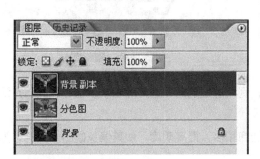

图2.1-41

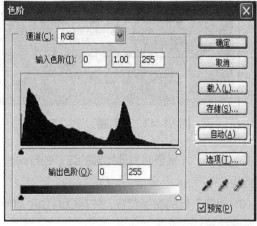

图2.1-42

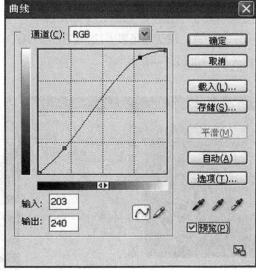

图2.1-43

(2)利用"分色通道图"将场景中的地面石材选中,选择背景副本图层,按Ctrl+J键将其复制粘贴到一个新的图层中,保证该图层处于选中状态,按Q键,进入快速蒙版状态,选择工具箱里的渐变工具,在画面拉出红色层,如图2.1-44所示。再按Q键,退出快速蒙版,得到选区,按Ctrl+M键,对其调整,让远处地面的色彩偏灰偏白。

(3)使用前面相同的方法,将木纹选择出来,并复制粘贴到一个新的图层中,按Ctrl+M键,调整其明暗对比,使其纹理更加真实自然。

(4)同样利用"分色通道图"将天花处的射灯选择出来,并复制粘贴到一个新的图层中,按Ctrl+M键,调整其明暗对比,使其结构更加分明。如图2.1-45所示。

图2.1-44(附彩图)　　　　　　　　图2.1-45(附彩图)

(5)另外,还需要对其他局部的细节进行调整,例如远处的鞋、近处的帽子、包等,调节方法与前面相同。

(6)对于远处的窗外背景,使用Ctrl+U键,降低饱和度,提高明度,使其偏灰偏白,目的是为了增加画面空间的纵深感。

(7)增强远处窗口位置的蓝调效果。新建一层,用框选工具画一选区,设置羽化值,填充蓝色,该图层模式改为"叠加", 如图2.1-46所示。

(8)接下来,需要为场景添加香奈儿的LOGO。该图层模式改为"叠加",调整好位置和大小,以及透视关系,如图2.1-47所示。

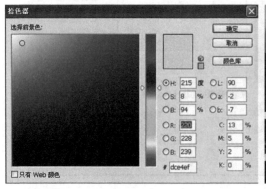

图2.1-46

3. 再次整体调整

（1）按Ctrl+Shift+Alt+E键做一个盖印。

（2）对画面进行锐化处理：执行【滤镜】【锐化】【USM锐化】命令，设置参数。最终完成效果，如图2.1-48所示。

（3）最后，执行【文件】【存储为】命令，将图片保存，分别存成psd格式与jpg格式。

图2.1-47（附彩图）　　　　　　　　　图2.1-48（见彩图2.1-1）

作品展示与点评

采用多元评价体系，即教师评价学生、学生自我评价和相互评价。充分发挥学生自我评价和相互评价的作用，让学生在评价过程中，通过观赏别人的作品，提升自身的鉴赏水平，提高交流表达的能力，增强学生的成就感，同时也认识到自己的不足之处。

根据学生的作品进行考核评分（满分100分）

序号	考核项目	满分	考核标准	得分	考核方式
1	建模	25	模型比例合理		作品展示
2	赋材质	20	材质质感真实		作品展示
3	布灯光、渲染	35	灯光布置合理、准确、渲染时间适当		作品展示
4	后期处理	15	色调统一、结构清晰、有光感质感		作品展示
5	答辩	5	回答内容准确、表达清晰、语言简练		口试
	总计得分	100			

思考与练习

1. 思考如何表现天光过渡的递进关系？

2. 请用本书提供的任务文件做练习，要求更好地把握室内人工光为主光的布光思路和渲染方法，以及后期的调整方法。最终完成的效果可参考：图2.1-49。

图2.1-49（附彩图）

任务 2.2
快餐店设计效果图表现

工作任务

任务目标

1. 掌握快餐店空间的特征与材质的调节。
2. 掌握室内外夜景的人工光布置方法,能够正确处理快餐店空间的布光要求,根据设计要求为场景布置灯光。
3. 掌握后期处理的方法与技巧,能够利用效果图的直观表现,准确推动"快餐店空间"设计方案的实施。
4. 培养学生严谨细致的工作态度。

任务描述

以项目二"商业空间"的"快餐店"为设计内容,根据AutoCAD图的数据进行快餐店效果图的制作,最终的效果如图2.2-1所示。

快餐店是一个开敞的公共空间,但也要围合出一定的私密空间以满足人们的心理需要。就设计而言,在表现快餐店效果图时,一般要采用暖色调,制造出舒适愉快的气氛,以增加食欲。吊灯的布置上以桌子为照射中心,能把食物照射得很吸引人,也可使玻璃器皿更美,为人们带来快乐的氛围。

图2.2-1(附彩图)

通过观察场景发现，这个快餐店的空间面积不是很大，它主要表现室内外空间的夜景效果，人工光源主要有餐厅中部的吊灯，左边的石膏板吊灯，吊顶处的灯带及其餐厅前后部分的吸顶灯。

场景中的材质主要有白乳胶、不锈钢、红色亚克力、棕色马赛克、地板、理石、玻璃、木纹等。

制作流程是制作快餐店的基本场景、布置灯光、制作主体材质、渲染输出和后期处理。

该任务是计算机实践操作，以个人为单位进行。要求每人在任务完成后展示自己的作品互评并进一步修改与完善。

知识准备

一、命令

(1) Import【导入】
(2) Group【成组】
(3) Freeze Selection【冻结】
(4) Extrude【挤出】
(5) Editable Poly【可编辑多边形】
(6) Line【直线】
(7) Detach【分离】
(8) Connect【连接】
(9) Shell【壳】
(10) ChamferBox【倒角长方体】
(11) Poly【面板】
(12) Symmetry【对称】
(13) Mirror【镜像】
(14) Collapse To【塌陷】
(15) Target【目标摄像机】
(16) Target Spot【目标聚光灯】
(17) Tiles【程序贴图】
(18) VRayMtl【VR材质】
(19) Standard【标准材质】
(20) VRayMtl【VR材质】的Reflect【反射】
(21) VRayMtl【VR材质】的Refl.glossiness【反射模糊】
(22) VRayMtl【VR材质】的Refract【折射】
(23) VRayMtl【VR材质】的Glossiness【折射模糊】
(24) VRayMtl【VR材质】的Trace reflections【追踪反射】
(25) VRayLight【VR灯光】中的"Plane面光源"
(26) Photoshop图层模式
(27) Photoshop图层蒙版
(28) Photoshop色阶
(29) Photoshop曲线
(30) Photoshop色相/饱和度

二、技法

(1) VRayMtl【VR材质】，模拟真实材质表现。

(2) 【模糊】反射的应用，菲尼尔反射的使用。

(3) 灯光对画面效果的控制。

(4) 图层蒙版：在效果图制作当中同一图层的图片，有的希望显示有的希望隐藏，图层蒙版是个很好的工具，可以在蒙版图层里涂白色将不想显示出来的部分隐藏，可以在蒙版图层里涂黑色，将想显示出来的部分显示出来。

(5) 快速蒙版：在后期处理时经常会遇到处理物体渐变退晕效果，那么快速蒙版是个很好的工具，可以方便的选择带有渐变效果的选区。

(6) 添加配景时，要有一定的逻辑顺序，一般从大面积到小面积，从主到次，再到细部。

(7) 空间关系遵循的原则：近大远小，近实远虚，近景暗，远景亮。目的是提升空间的纵深感。

(8) 后期的制作流程：从整体到局部。

任务实施

一、制作快餐店基本场景

1. 制作快餐店墙体

（1）打开AutoCAD软件，打开图纸，整理图纸删除标注，调整比例，图纸保存，如图2.2-2所示。

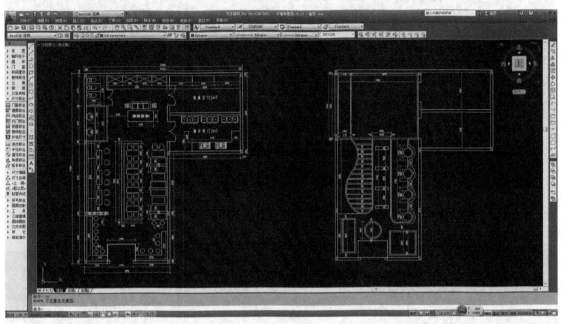

图2.2-2

打开3ds Max 2011软件，单击菜单栏File【文件】，Import【导入】图纸，选择图形，单击菜单栏Group【成组】，将图纸归零，冻结Freeze Selection【冻结】图形，如图2.2-3所示。

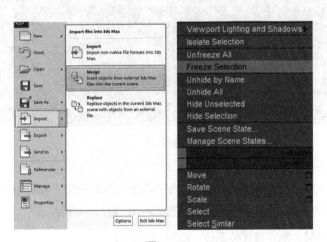

图2.2-3

项目2　商业空间设计计算机效果图表现　■　101

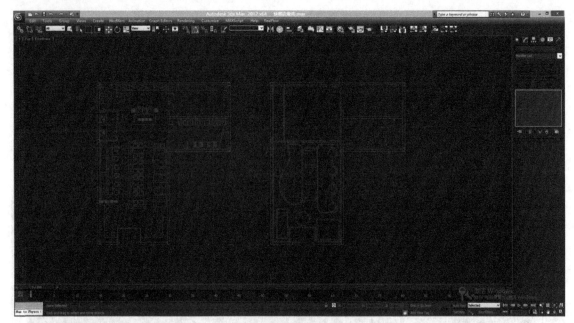

图2.2-3（续）

（2）打开捕捉，设置捕捉到冻结对象，绘图菜单下选择Line【直线】，顶视图捕捉快餐店室内墙绘制样条线，修改面板下选择Extrude【挤出】修改器，输入数值2800，如图2.2-4所示。

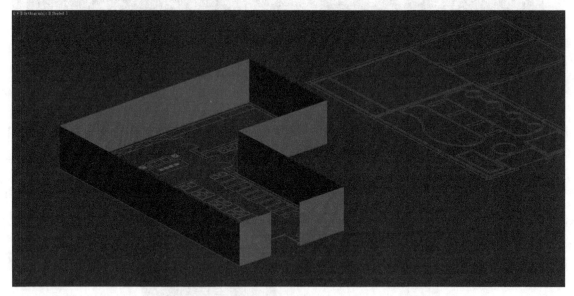

图2.2-4

为了便于观察室内，需要墙体背面消隐。选中墙体，然后右键，点Object Properties【对象属性】，勾选Backface Cull【背面消隐】选项，如下图2.2-5、图2.2-6所示。

（3）用Box【长方体】，制作墙体构造柱，如图2.2-7所示。

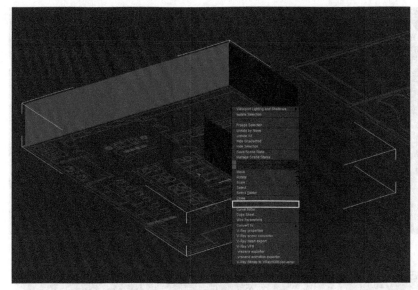
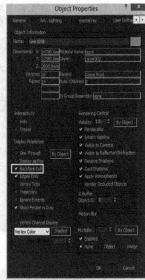

图2.2-5　　　　　　　　　　　　　　　　　　　图2.2-6

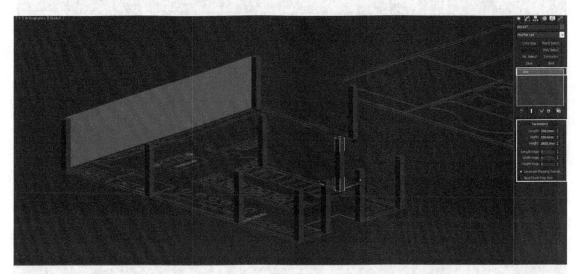

图2.2-7

2. 窗洞制作

（1）将有窗洞的墙体分离出来。选中墙体，右键转化为Editable Ploy【可编辑多边形】，如图2.2-8所示。

进入Modify【修改】面板，在Polygon【多边形】层级，选中要分离的面，然后点Detach【分离】。如图2.2-9所示。

将分离的出来的墙体和构造柱孤立显示出来。在墙体的Edge【边】层级，用Connect【连接】将墙体分割成若干。如图2.2-10所示。

继续使用Connect【连接】，最终效果如图2.2-11所示，中间的窗台高1000mm，窗梁高300mm，落地窗窗台高200mm。

图2.2-8

图2.2-9

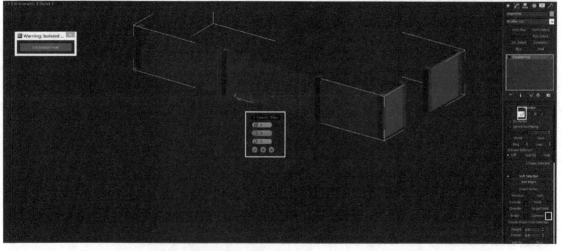

图2.2-10

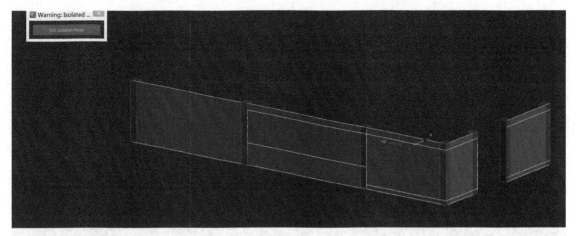

图2.2-11

在Polygon【多边形】层级，选中下图中的面，分离出来，用来制作玻璃，如图2.2-12所示。

给墙体加Shell【壳】命令。调整玻璃位置，改变玻璃物体颜色，便于区分。具体操作这里不再赘述，最终效果如图2.2-13所示。

（2）用ChamferBox【倒角长方体】制作窗台板。如图2.2-14、图2.2-15所示。

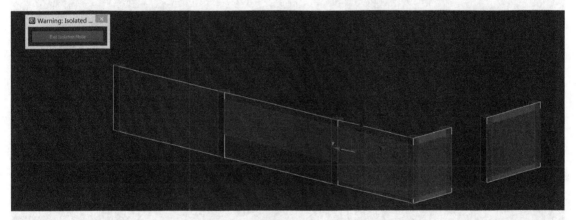

图2.2-12

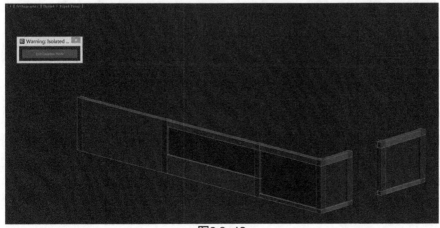

图2.2-13

图2.2-14

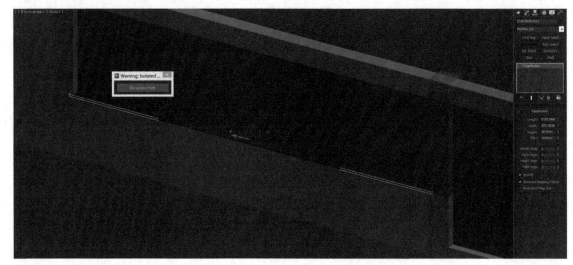

图2.2-15

墙体制作完成,如图2.2-16所示。

图2.2-16

3. 隔墙制作

图2.2-17所示,这种隔墙的作法有很多。最简单的可以用Box【长方体】搭出来。这里我们用Poly【面板】做这个隔墙。

(1) 在前视图,画一个矩形和圆形,如图2.2-18所示。

圆形位置居中,高度可适当调整。然后把矩形转化成可编辑样条线,附加圆形。再使用Extrude【挤出】命令,挤出200mm,如图2.2-19所示。

将做好的墙体,右键转化为Editable Ploy【可编辑多边形】,在面层级选择左侧和顶部的面,然后Detach【分离】出来。使用Shell【壳】命令,如图2.2-20所示。

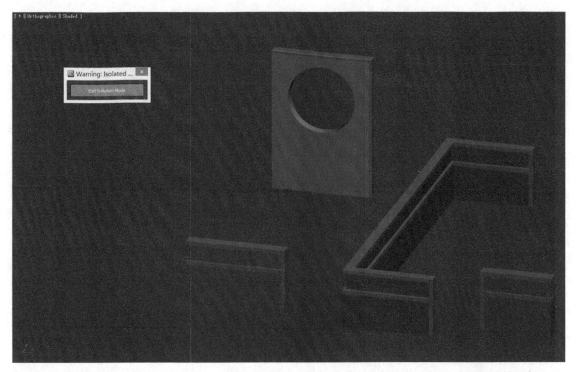

图2.2-17

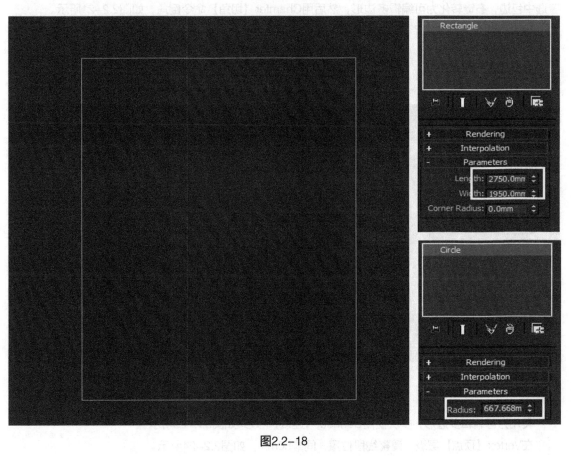

图2.2-18

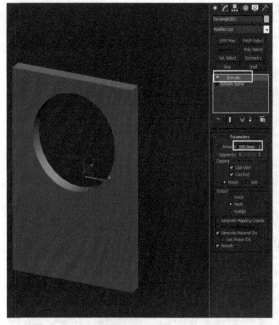
图2.2-19

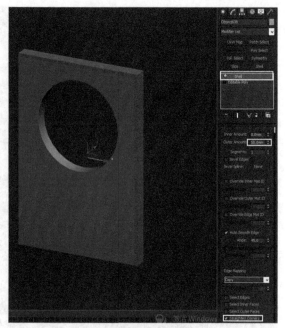
图2.2-20

这样就做出不锈钢的包边。这里包边还需要倒角：需要将包边的Shell【壳】修改器向下塌陷，或者选中包边，右键转化为可编辑多边形，然后用Chamfer【切角】命令倒角，如图2.2-21所示。

这个墙体就制作完成了。

（2）C型矮墙的制作。

先制作Box【长方体】。具体参数如图2.2-22所示。

图2.2-21

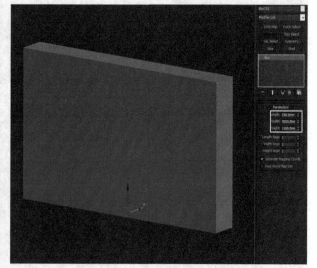
图2.2-22

转化为可编辑多边形，多次使用Connect【连接】，效果如图2.2-23所示。

在Vertex【顶点】层级，调整线段位置。间隔80mm，如图2.2-24所示。

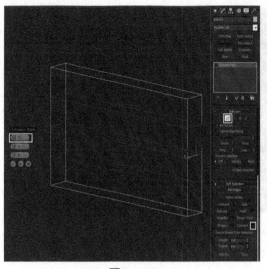
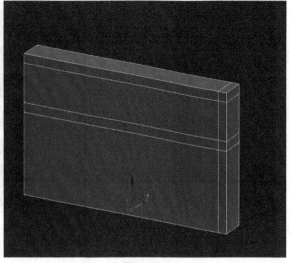

图2.2-23　　　　　　　　　　　　　　图2.2-24

红色亚克力板的制作。选中面然后挤出-80mm，如图2.2-25所示。

删除多余的面，将不锈钢包边分离。最终这个墙体有3种材质：不锈钢、红色亚克力、棕色马赛克，如图2.2-26所示。

将这三个对象Group【成组】。在顶视图，对照cad，将墙体放到如下位置，如图2.2-27所示。

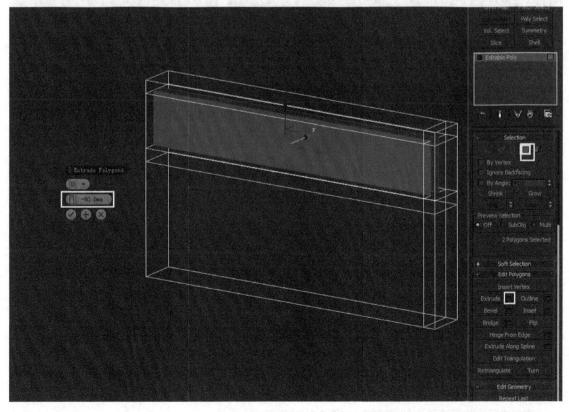

图2.2-25

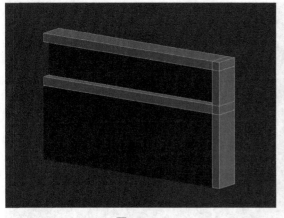
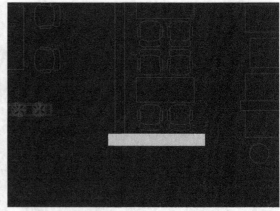

图2.2-26　　　　　　　　　　　　　　　　图2.2-27

对这个围墙组使用Symmetry【对称】命令，在该命令Mirror【镜像】层级下，将中心旋转45°并进行移动，如图2.2-28所示。

继续加Edit Poly【编辑多边形】修改器，在点层级下，将点移动到下图位置，至少超过该墙体一半的位置，如图2.2-29所示。

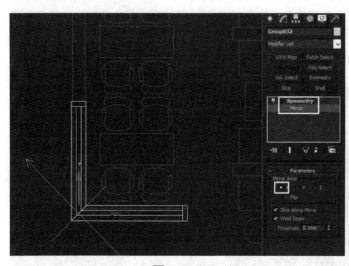

图2.2-28　　　　　　　　　　　　　　　　图2.2-29

再次使用Symmetry【对称】命令，移动Mirror【镜像】中心到适当位置，如图2.2-30所示。

最后将这些修改器向下Collapse To【塌陷】，如图2.2-31所示。

最终墙体如图2.2-32所示。

4. 石膏吊顶的制作

石膏吊顶是由两层组成的：红色为底层，绿色为上层，如图2.2-33所示。

完成后效果如图2.2-34所示。

下面讲解石膏板吊顶的作法。在顶视图，用Line【直线】，勾勒出上下两层吊顶。红色为底层，绿色为上层。使用Extrude【挤出】命令，挤出高度都为50mm，如图2.2-35所示。

完成之后，将吊顶移动到墙顶部。如图2.2-36所示。

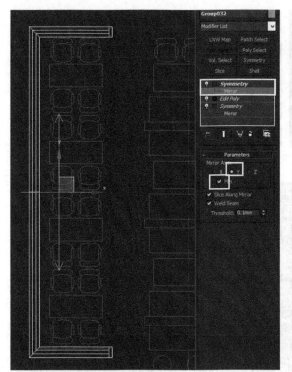
图2.2-30

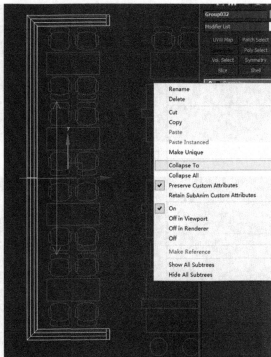
图2.2-31

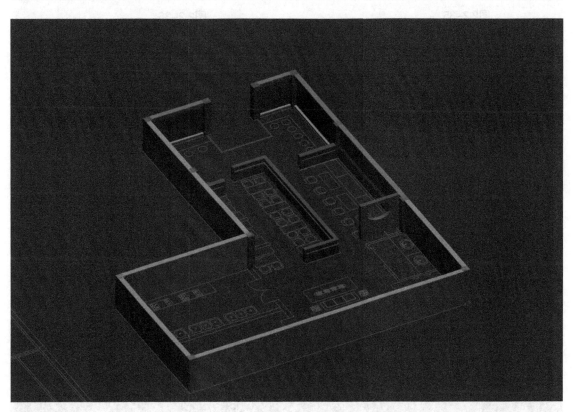
图2.2-32

图2.2-33　　　　　　　　　　　　　　图2.2-34

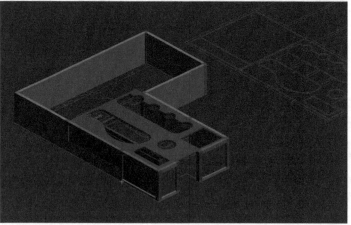

图2.2-35　　　　　　　　　　　　　　图2.2-36

关于屋顶、门头和地面的制作这里不再赘述，完成后效果如图2.2-37所示。

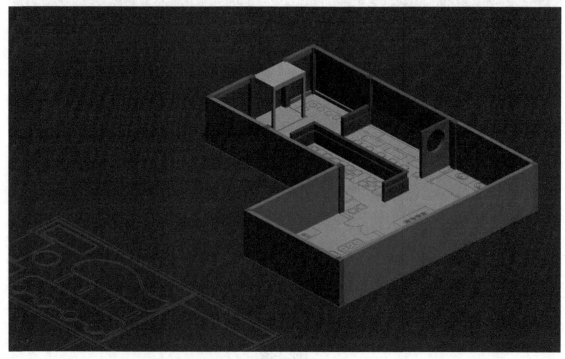

图2.2-37

5. 摄像机制作

绘制菜单栏中选择Camera【摄像机】，在顶视图中绘制Target【目标摄像机】，调整摄像机广角、方向、位置，如图2.2-38所示。

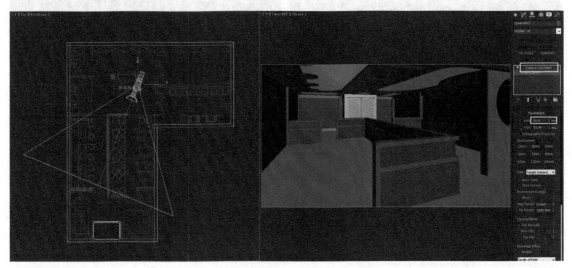

图2.2-38

6. 导入家具模型

单击菜单栏File【文件】，Import【导入】下选择Merge【合并】，选择模型，导入模型，在模型中填加FFD 2*2*2修改器，调整大小及位置，如图2.2-39、图2.2-40所示。

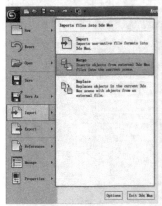

图2.2-39

图2.2-40

二、为场景布置灯光

1. 设置试渲参数

打开Render Setup【渲染设置】窗口，在Common Parameters【共用参数】选项卡中调整试渲的输出大小；同时，对Settings【设置】、【V-Ray】、Indirect illumination【间接照明】选项卡中的选项进行设置，如图2.2-41、图2.2-42所示。

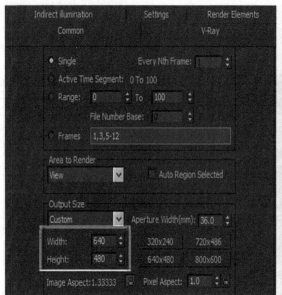
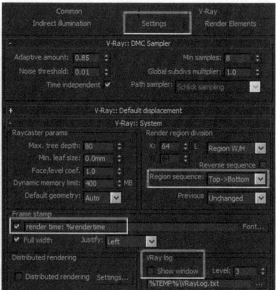

图2.2-41

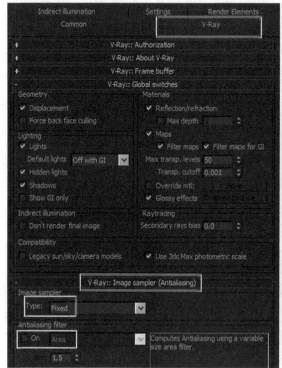
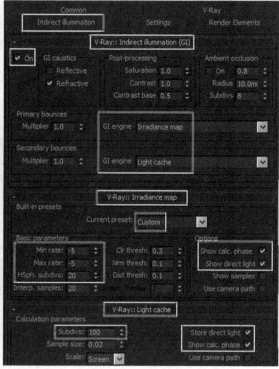

图2.2-42

2. 创建吊灯

使用Target Spot【目标聚光灯】,具体参数设置,如图2.2-43所示。

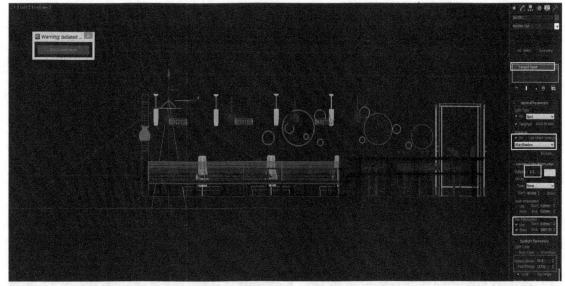

图2.2-43

由于灯光在红色吊灯之上,所以红色吊灯会产生影子。这里需要Exclude【排除】红色吊灯,如图2.2-44所示。

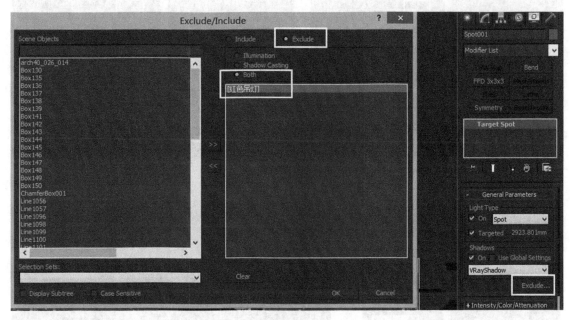

图2.2-44

在顶视图调整灯光的位置。然后以Instance【实例】的方式关联复制,如图2.2-45所示。

餐厅中部和左部吊灯设置方法完全一样。只是阴影排除不同,如图2.2-46~图2.2-48所示。

餐厅门口位置灯光。使用VRay光源,也就是VRay片灯,如图2.2-49所示。颜色为淡黄色,如图2.2-50所示。

灯光布置,如图2.2-51所示。

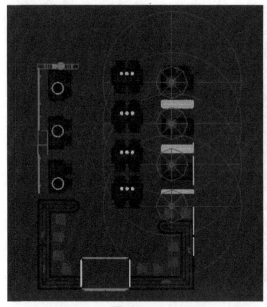

图2.2-45　　　　　　　　　　　　　图2.2-46

图2.2-47　　　　　　　　　　　　　图2.2-48

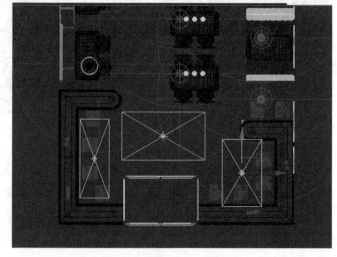

图2.2-49

图2.2-50　　　　　　　　　　　　　图2.2-51

3. 石膏板吊顶灯槽的制作

创建一盏VRay片灯，放置在灯槽位置，灯光方向朝上，如图2.2-52、图2.2-53所示。

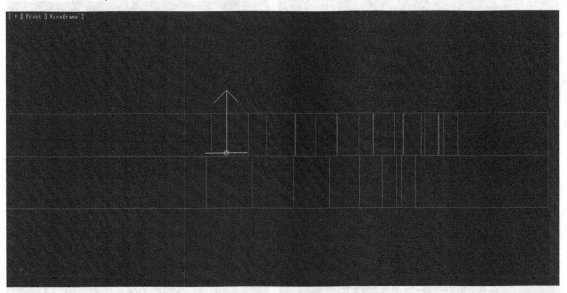

图2.2-52

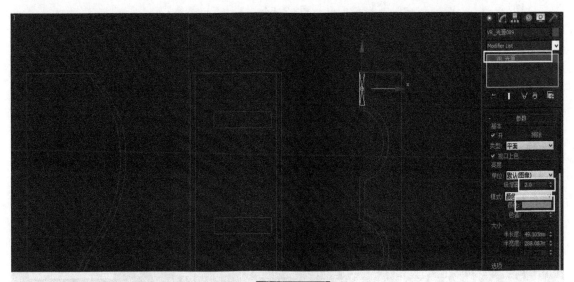

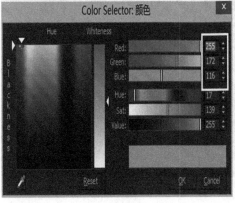

图2.2-53

关联复制。通过旋转，缩放，将灯槽布满，如图2.2-54所示。

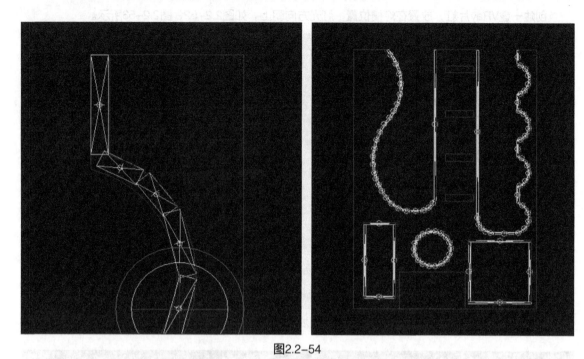

图2.2-54

在餐厅后边布置两盏VRay片灯。至此，空间的灯光布置完成，如图2.2-55所示。

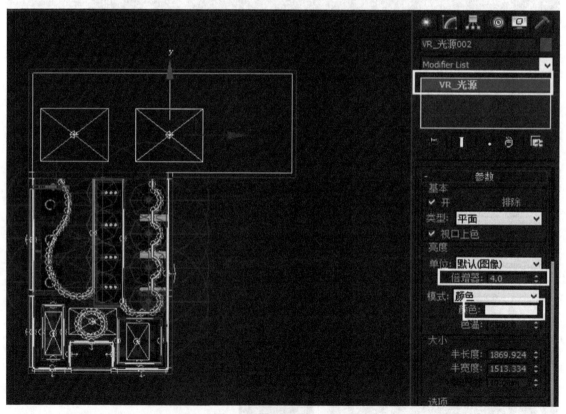

图2.2-55

4. 制作窗外环境

做一个环形的片，给自发光材质，如图2.2-56所示。

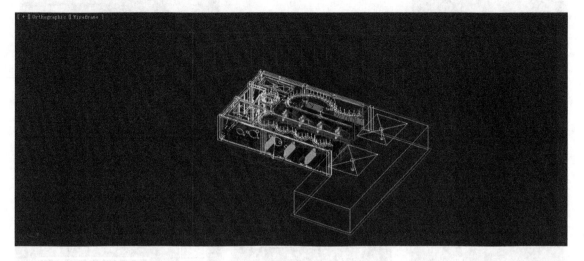

图2.2-56

三、场景主体材质制作

1. 石膏板

隐藏灯光，取消模型冻结，调整材质球数量，如图2.2-57所示。

2. 墙体

本材质使用了Tiles【程序贴图】，如图2.2-58所示。

进入漫反射通道，也就是图中绿色框位置，贴Tiles【程序贴图】，具体参数如图2.2-59所示。

进入反射通道，如黄色框所示，贴Falloff贴图，颜色1为纯黑色，颜色2为RGB值，如图2.2-60所示。

3. 地砖

如图2.2-61所示。

反射值参数为20。

漫反射通道和凹凸通道，如图2.2-62所示。

4. 红色亚克力板

如图2.2-63所示。

5. 棕色马赛克

如图2.2-64所示。

6. 不锈钢

如图2.2-65所示。

7. 窗外环境贴图

如图2.2-66所示。

8. 玻璃

如图2.2-67所示。

图2.2-57

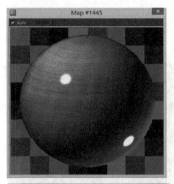
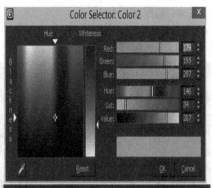

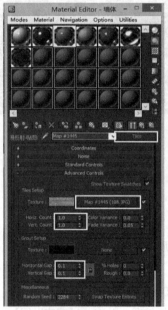
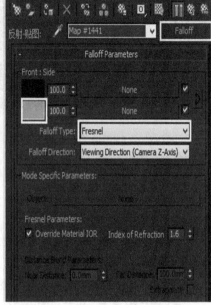

图2.2-58　　　　　　图2.2-59　　　　　　图2.2-60

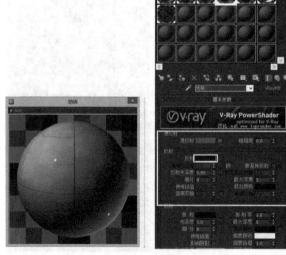
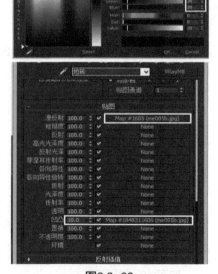

图2.2-61　　　　　　图2.2-62

图2.2-63

图2.2-64

图2.2-65

图2.2-66

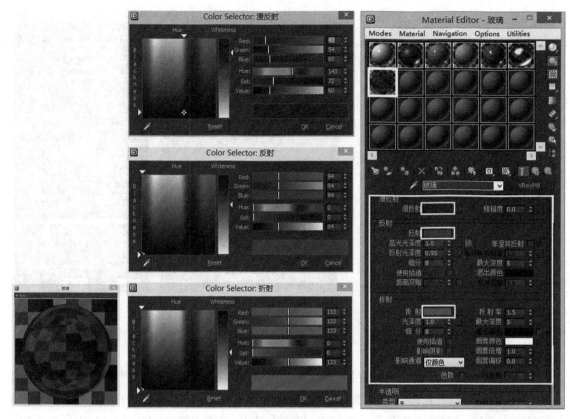

图2.2-67

至此,场景中主要部分的材质调节完毕,场景中其他几处的材质的调节方法与上面调节材质的方法类似。

四、渲染输出

1. 输出光子图

(1) 打开Render Setup【渲染设置】窗口,在Common Parameters【共用参数】选项卡中调整光子图的输出大小,这里输出2000点的成品图,所以这里将Width【宽度】设置为800,Hight【高度】设置为600即可,如图2.2-68所示。

(2) 接下来,对光子图的品质进行设置。打开Indirect illumination【间接照明】选项卡,对V-Ray:: Indirect illumination(GI) 【VRay:: 间接照明(GI)】卷展栏中的Primary bounces【首次反弹】和Secondary bounces【二次反弹】进行设置;设置V-Ray:: Irradiance map【V-Ray:: 发光图】卷展栏中的Min rate【最小比率】、Max rate【最大比率】、HSph.subdivs【半球细分】、Interp.samples【插值采样】,并勾选On render end【在渲染结束后】栏中的Auto save【自动保存】和Switch to saved map【切换到保存的贴图】选项,注意要设置Auto save【自动保存】后的保存路径;设置V-Ray:: Light cache【V-Ray:: 灯光缓存】卷展栏中的Subdivs【细分】值,勾选On render end【在渲染结束后】栏中的Auto save【自动保存】和Switch to saved cache【切换到保存的缓存】选项,同样要设置Auto save【自动保存】后的保存路径,如图2.2-69所示。

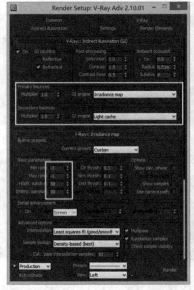

图2.2-68　　　　　　　　　　　　图2.2-69

2. 输出成图

（1）打开Render Setup【渲染设置】窗口，在Common Parameters【共用参数】选项卡中的Width【宽度】和Hight【高度】输入图片像素，在Render Output【渲染输出】栏中，勾选Save File【保存文件】选项，如图2.2-70所示。单击File【文件】按钮，在弹出的Render Output File【渲染输出文件】窗口中，指定一个保存路径，并命好名字，图像保存类型为tga格式，单击【确定】按钮，设置完毕。

（2）切换到【V-Ray】选项卡，对V-Ray::Image sampler（Antialiasing）【V-Ray::图像采样器（抗锯齿）】进行设置，如图2.2-71所示。

（3）切换到Settings【设置】选项卡，V-Ray::DMC Sampler对【V-Ray::确定性蒙特卡洛采样器】进行设置，如图2.2-72所示。

为了保证成品图的画面品质，将场景中所有灯光的细分值提高。

单击Render【渲染】按钮进行渲染，得到"快餐店.tga"的渲染图，如图2.2-73所示。

（4）最后，将Max文件另存一份，删除场景里的所有灯光。在MAXScript【MAX脚本】菜单下Run Script【运行脚本】，运行"本强强"插件，把场景材质全部转换成自发光材质，渲染输出，保存为"分色通道图"，如图2.2-74所示。

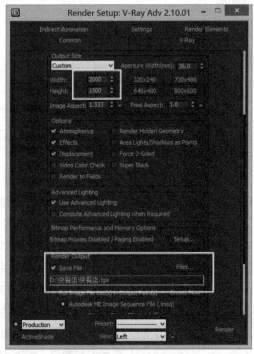

图2.2-70

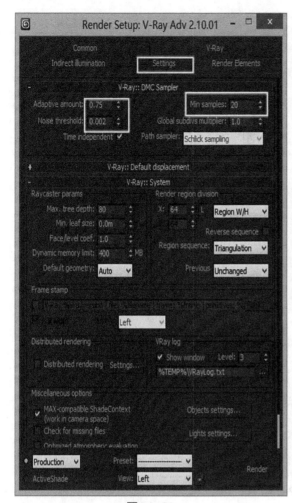

图2.2-72

图2.2-71

图2.2-73（附彩图）

图2.2-74（附彩图）

五、后期处理

1. 整体调整

（1）在Photoshop中打开渲染好的"快餐店.tga"文件和分色通道图。

（2）按住Shift键将分色通道图拖拽到渲染图中，使其与渲染图完全重合。选择背景图层，按Ctrl+J键将其复制出一层，移到分色通道图层的上面，如图2.2-75所示。

（3）观察场景效果，发现颜色有些偏灰偏暗，按Ctrl+M键打开【曲线】窗口，整体调整画面，亮部加亮，暗部压暗，如图2.2-76所示。

（4）按Ctrl+B键打开【色彩平衡】窗口，首先选择【色彩平衡】中的【高光】选项，对其高光的色彩平衡进行调整；再选择【阴影】，对其阴影的色彩平衡进行调整，如图2.2-77所示。

2. 局部调整

（1）接下来，进入局部修改，利用"分色通道图"将场景中的不锈钢材质选中，选择背景副本图层，按Ctrl+J 键将其复制粘贴到一个新的图层中，保证该图层处于选中状态，按Ctrl+M键，对其调整，亮部加亮，暗部压暗，如图2.2-78所示。

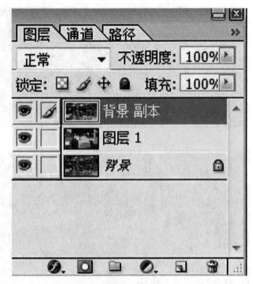

图2.2-75   图2.2-76

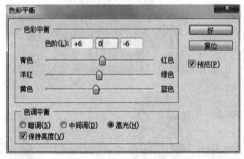 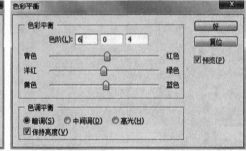

图2.2-77

（2）利用"分色通道图"将场景中的桌椅选中，选择背景副本图层，按Ctrl+J键将其复制粘贴到一个新的图层中，保证该图层处于选中状态，按Ctrl+L键、Ctrl+M键，对其调整，让其明暗对比更加分明。

（3）使用前面相同的方法，将地板部分选择出来，并复制粘贴到一个新的图层中，按Ctrl+U键，降低饱和度；按Ctrl+M键，调整其明暗对比，使其纹理更加真实自然。

（4）同样利用"分色通道图"将场景中灯具部分选择出来，并复制粘贴到一个新的图层中，按Ctrl+U键，提高饱和度；按Ctrl+M键，调整其明暗对比。

（5）另外，还需要对其他局部的细节进行调整，例如灯带、植物、马赛克材质等，调节方法与前面相同。

3. 再次整体调整

（1）按Ctrl+Shift+Alt+E键做一个盖印；在此基础之上，按Ctrl+M键，对画面整体的明暗层次进行调整，使其结构更加清晰。

（2）对画面进行锐化处理：复制最上层，执行【滤镜】【其他】【高反差保留】命令，然后，调整图层混合模式为"柔光"模式，降低"不透明度"。最终完成效果，如图2.2-79所示。

（3）最后，执行【文件】【存储为】命令，将图片保存，分别存成psd格式与jpg格式。

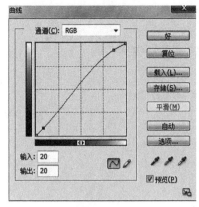
图2.2-78

图2.2-79（见彩图2.2-1）

作品展示与点评

采用多元评价体系，即教师评价学生、学生自我评价和相互评价。充分发挥学生自我评价和相互评价的作用，让学生在评价过程中，通过观赏别人的作品，提升自身的鉴赏水平，提高交流表达的能力，增强学生的成就感，同时也认识到自己的不足之处。

根据学生的作品进行考核评分（满分100分）

序号	考核项目	满分	考核标准	得分	考核方式
1	建模	25	模型比例合理		作品展示
2	赋材质	20	材质质感真实		作品展示
3	布灯光、渲染	35	灯光布置合理、准确、渲染时间适当		作品展示
4	后期处理	15	色调统一、结构清晰、有光感质感		作品展示
5	答辩	5	回答内容准确、表达清晰、语言简练		口试
	总计得分	100			

思考与练习

1. 室内夜景效果图的处理技法，更加注重氛围的处理，也在很多地方与日景效果图的处理技法相同。思考如何表现快餐店的日景效果？

2. 请用本案例的任务文件做一个日景练习，要注意日景环境下的室内关系。

参考文献

1. 孟莎. 2010. 室内设计效果图表现技法[M]. 北京：中国青年出版社.
2. 曹茂鹏. 2012. 3ds Max 2012完全自学教程[M]. 北京：人民邮电出版社.
3. 宿晓辉. 2013. 3ds Max & VRay效果图制作及疑难精解[M]. 北京：清华大学出版社.
4. 郑海超，刘聚泽.2010. 3ds Max/VRay印象 室内空间设计与表现技法Ⅱ[M].北京：人民邮电出版社.
5. 李运谱，杨立峰. 2010. 3DS MAX与室内设计[M]. 北京：北京师范大学出版社.
6. 叶斌，叶猛.2012. 2012室内设计模型集成·办公商业房产空间[M]. 福州：福建科技出版社.
7. 杨伟.2011. VRay渲染密码——实战效果对比分析[M]. 北京：清华大学出版社.
8. 史宇宏，教传艳.2013. 边用边学3ds Max室内设计[M]. 北京：人民邮电出版社.

9. 张媛媛.2012. Max/VRay室内设计材质速查手册（畅销版）[M]. 北京：中国铁道出版社.
10. 麦伟彬.2009. 光影传奇——室内空间设计[M]. 北京：海洋出版社.
11. 耿坤，冯勇.2013. 3ds Max室内效果图设计与制作（家居篇）[M]. 北京：机械工业出版社.
12. http：//www.cool-de.com（室内设计联盟）
13. http：//www.balang88.cn（设计吧廊）
14. http：//www.hxsd.com（火星网）

项目 3
办公空间设计计算机效果图表现

知识目标
1. 了解办公空间的特征和设计风格。
2. 掌握办公空间设计计算机效果图表现的渲染流程。
3. 掌握办公空间设计计算机效果图表现的技巧和方法。

技能目标
1. 能够熟练地运用计算机软件快速地绘制办公空间效果图。
2. 能够准确传达设计师的设计理念,表现设计师的设计方案。

任务 3.1
经理办公室设计效果图表现

工作任务

任务目标

1. 掌握经理办公室空间的特征与材质的调节。
2. 掌握室外的天光和室内人工光的布置方法，能够正确处理经理办公室空间的布光要求，根据设计要求为场景布置灯光。
3. 掌握后期处理的方法与技巧，能够利用效果图的直观表现，准确推动"经理办公室空间"设计方案的实施。
4. 培养学生严谨细致的工作态度。

任务描述

以项目三"办公空间"的"经理办公室"为设计内容，根据AutoCAD图的数据进行经理办公室效果图的制作，最终效果如图3.1-1所示。

图3.1-1（附彩图）

通过观察场景发现，这个经理办公室的空间还是很大的，它的入光口是4个窗口，主光源是太阳和天光；室内的人工光主要表现为吊顶灯光、装饰画照明灯光和沙发处的台灯。

场景中的材质主要有白乳胶、木材、地毯、金属和窗帘等。

制作流程是制作经理办公室基本场景、布置灯光、制作主体材质、渲染输出和后期处理。

经理办公室是办公空间，整个空间不仅需要艺术性，还需要有很强的实用性。在规划设计时一定要考虑到办公的便捷性问题，根据使用者的功能需求分析出空间需求后，按效率、美观的原则安排空间，之后根据企业性质、企业文化和客户喜好确定办公室的设计风格。

该任务是计算机实践操作，以个人为单位进行。要求每人在任务完成后展示自己的作品互评并进一步修改与完善。

知识准备

一、命令

(1) Import【导入】
(2) Group【成组】
(3) Freeze Selection【冻结】
(4) Extrude【挤出】
(5) Edit Poly【编辑多边形】
(6) Backface Cull【背面消隐】
(7) Normal【法线翻转】
(8) VRayMtl【VR材质】
(9) Standard【标准材质】
(10) VRayMtl【VR材质】的Reflect【反射】
(11) VRayMtl【VR材质】的Refl.glossiness【反射模糊】
(12) VRayMtl【VR材质】的Refract【折射】
(13) VRayMtl【VR材质】的Glossiness【折射模糊】
(14) VRayMtl【VR材质】的Trace reflections【追踪反射】
(15) VRayLight【VR灯光】中的"Plane面光源"
(16) VRaySun【VR太阳】
(17) Photoshop图层模式
(18) Photoshop图层蒙版
(19) Photoshop色阶
(20) Photoshop曲线
(21) Photoshop色相/饱和度

二、技法

见任务2.2"知识准备"中的技法。

任务实施

一、制作经理办公室基本场景

1. 制作办公室墙体

打开AutoCAD软件，打开图纸，整理图纸删除标注，调整比例，图纸保存，如图3.1-2所示。为了建模方便，这里我们可以把平面布置图和顶平面图合并后一同保存。

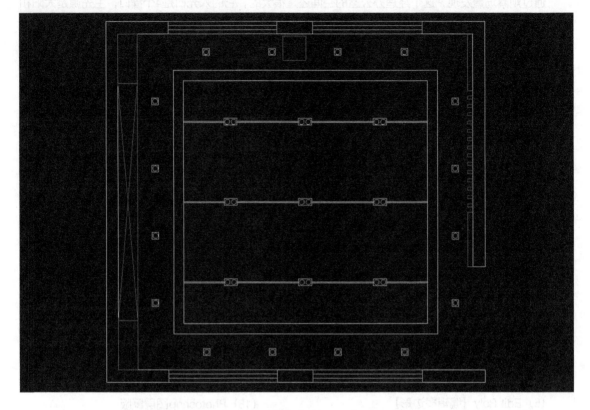

图3.1-2

在D盘创建"经理办公室"文件夹,将所有效果图相关文件存放在其中。打开3ds Max 2011软件,设置单位,单击菜单栏File【文件】,Import【导入】图纸,选择图形,单击菜单栏Group【成组】,将图纸归零,冻结Freeze Selection【冻结】图形,如图3.1-3所示。

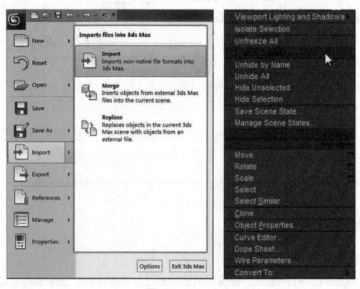

图3.1-3

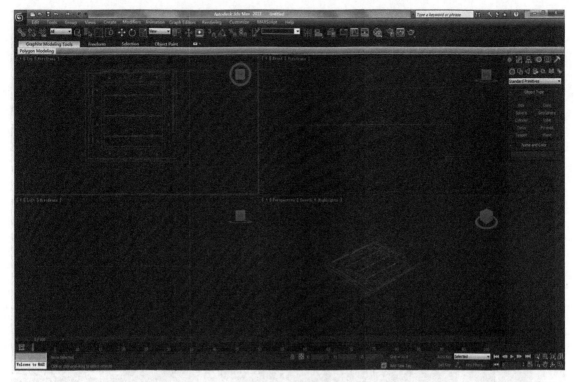

图3.1-3（续）

打开捕捉，设置捕捉到冻结对象，绘图菜单下选择Line【直线】，顶视图捕捉办公室内墙绘制样条线，注意首尾相接并选择闭合。在窗框处点击生成位置点，以便后面挤出时生成线，如图3.1-4所示。

修改面板下选择Extrude【挤出】，输入数值2800，命名为墙体，如图3.1-5所示。

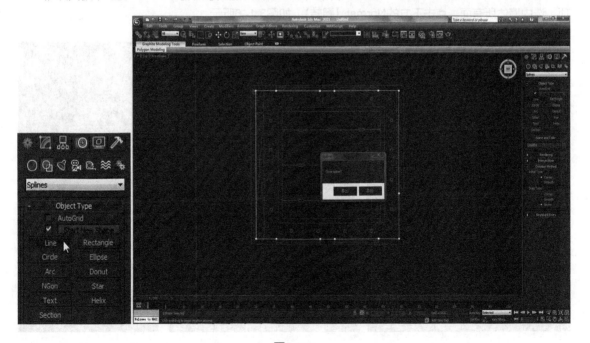

图3.1-4

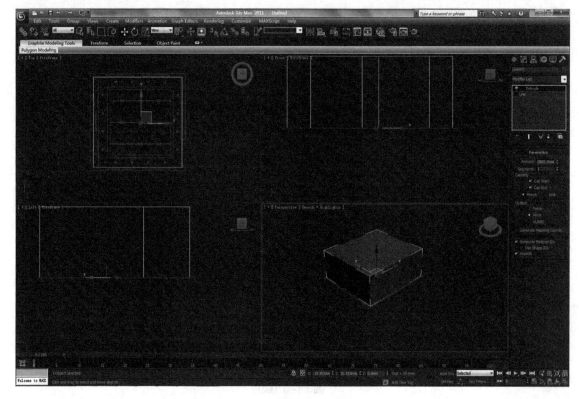

图3.1-5

选择图形,鼠标右键塌陷成Editable Poly【可编辑多边形】,鼠标右键Object Properties【对象属性】,勾选Backface Cull【背面消隐】,选择墙体对象,在【可编辑多边形】中选择【元素】子对象选项,选中墙体所有面,点击下方的Normal【翻转】,如图3.1-6所示。

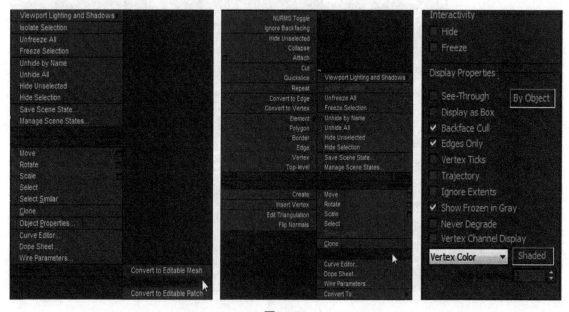

图3.1-6

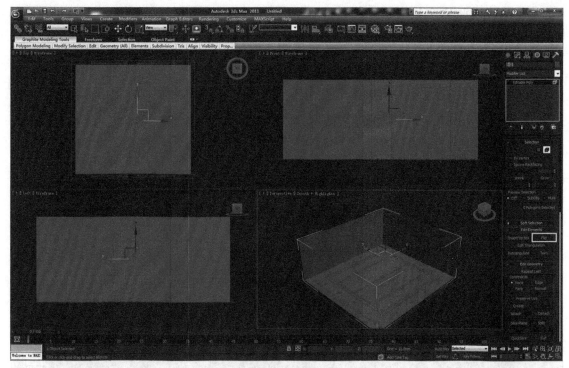

图3.1-6（续）

2. 窗户、门口的制作

（1）在Editable Poly【可编辑多边形】子层集下选择Edge【边】，选择Connect【连接】，连接边数1，按平面图调整窗口的位置，如图3.1-7所示。

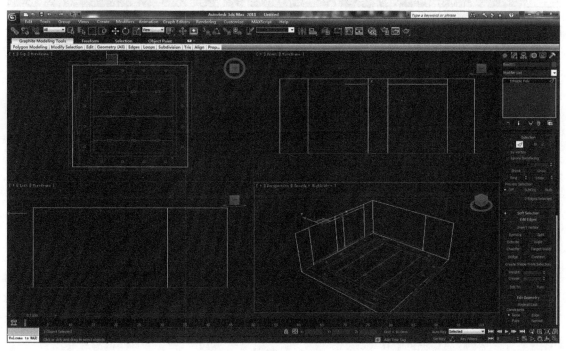

图3.1-7

（2）在Editable Poly【可编辑多边形】子层集下选择Polygon【面】，勾选【忽略背面】，点选窗口图形，在操作栏下选择Extrude【挤出】，输入值-240，删除面，依次完成另外3个窗子，如图3.1-8所示。

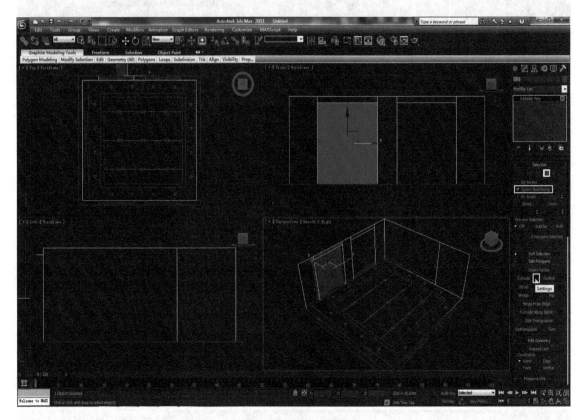

图3.1-8

（3）用Rectangle【矩形】工具，在前视图下，捕捉窗口绘制矩形，选择矩形转换成Editable Spline【编辑样条线】，子层集下选择Spline【样条线】，操作栏下选择Outline【轮廓】，输入值40；通过Edit Spline【编辑样条线】的操作，制作出窗框中间竖条，如图3.1-9所示；退出Editable Spline【可编辑样条线】的子对象状态；在修改面板下选择Extrude【挤出】，输入数值40，完成单个窗户的绘制，将窗户复制到各个窗洞，调整窗户位置，将所有窗框成组，如图3.1-10所示。

（4）调整角度选择门所在的墙体，在Editable Poly【可编辑多边形】子层集下选择Edge【边】，选择Connect【连接】，连接边数1，按平面图调整门口的位置，在Editable Poly【可编辑多边形】子层集下选择Polygon【多边形】，点选窗口图形，操作栏下选择Extrude【挤出】，输入值-240，门口制作完成，如图3.1-11所示。

3. 书柜和两侧装饰墙体部分的制作

（1）打开AutoCAD软件，打开图纸，整理经理办公室D向立面图图纸，删除标注，调整比例，图纸保存，如图3.1-12所示。

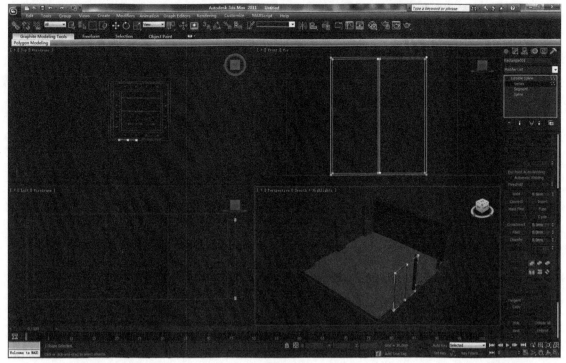

图3.1-9

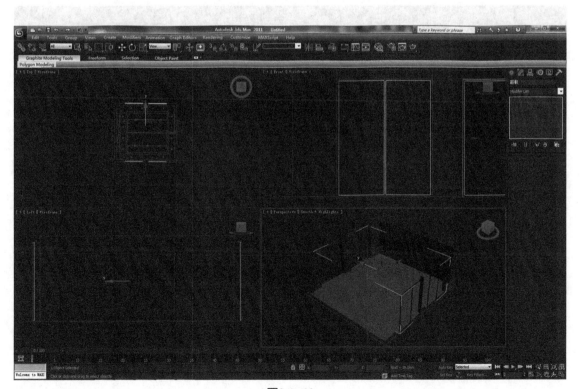

图3.1-10

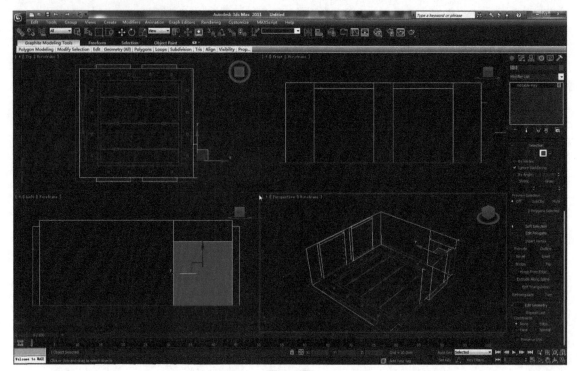

图3.1-11

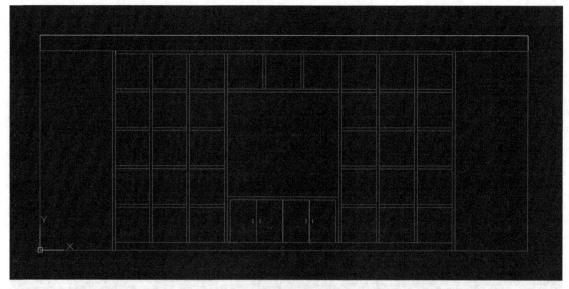

图3.1-12

(2) 打开3ds Max 2011软件,设置单位,单击菜单栏File【文件】,Import【导入】图纸,选择图形,单击菜单栏Group【成组】,将图纸归零,冻结Freeze Selection【冻结】图形,如图3.1-13所示。

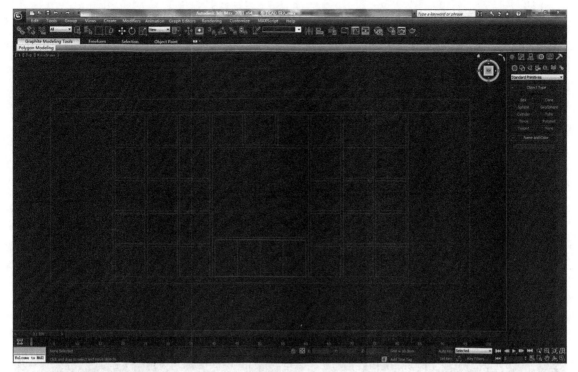

图3.1-13

(3) 用Rectangle【矩形】工具和Line【直线】工具,根据图形绘制路径,注意Line【直线】画的图形要求闭合,如图3.1-14所示。

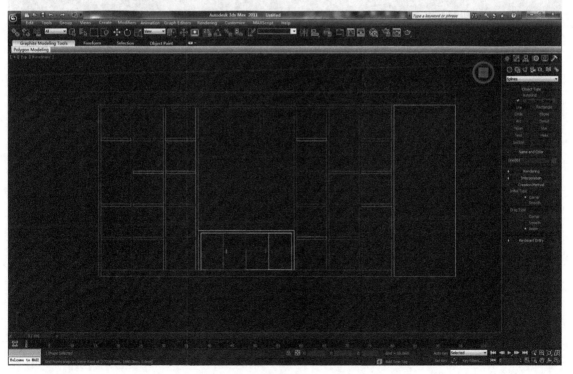

图3.1-14

(4) 选择柜体上的一个矩形转换成Editable Spline【可编辑样条线】，使用Attach【附加】工具将所有柜体上的矩形都合并成一个对象，注意柜体上的门把手和柜体两侧的装饰墙体部分的矩形不要合并进来，如图3.1-15所示。

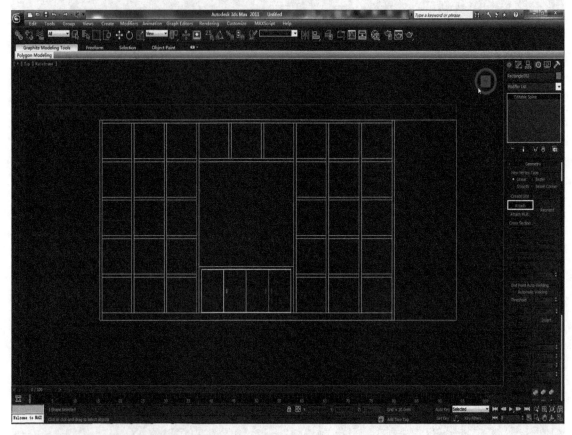

图3.1-15

(5) 同理把柜体两侧的装饰墙体部分的矩形合并成一个对象，把柜体上的门把手矩形合并成一个对象。

(6) 点选柜体图形，选择Extrude【挤出】，输入值400，完成柜体制作，注意在整个柜体后面补上一个背板面，将柜体和背板成组。同理将柜体两侧的装饰墙体部分和门把手制作出来，把门把手放置到合适位置，如图3.1-16所示。

(7) 将整个背景墙部分保存并合并到办公室墙体模型中，调整方向，摆放到恰当位置，如图3.1-17所示。

4.会客区装饰墙的制作

用Rectangle【矩形】工具在顶视图根据图形绘制路径，按照上面做柜子的方法，将两侧装饰墙体的矩形合并成一个对象，将中间装饰竖条部分的矩形合并成另一个对象。分别点选图形，选择Extrude【挤出】，输入值2600，完成制作，如图3.1-18所示。

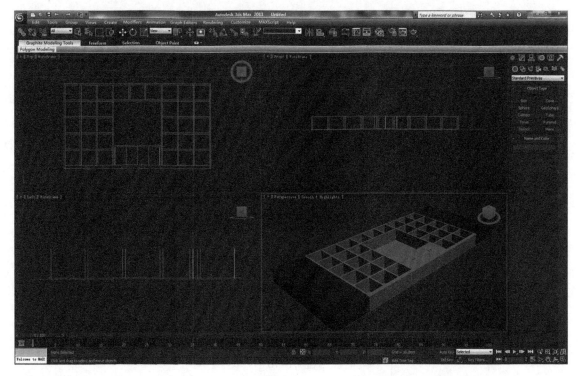

图3.1-16

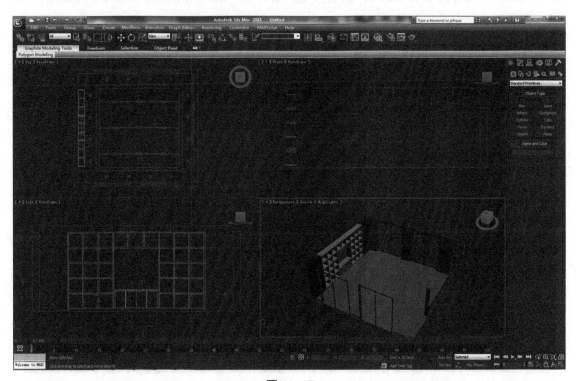

图3.1-17

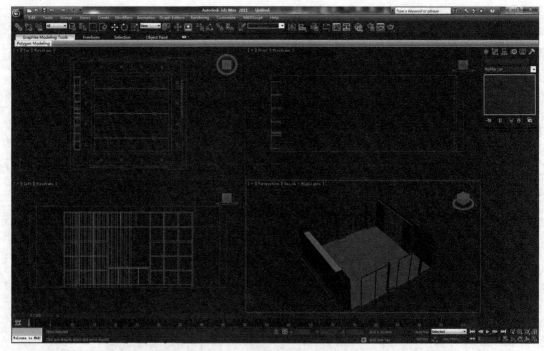

图3.1-18

5. 窗子两侧装饰墙的制作

用Rectangle【矩形】工具在前视图根据墙体图形绘制路径，按照上面做柜子的方法，将矩形合并成一个对象。点选图形，选择Extrude【挤出】，输入值1，将生成的对象覆盖在墙体上，完成制作，如图3.1-19所示。

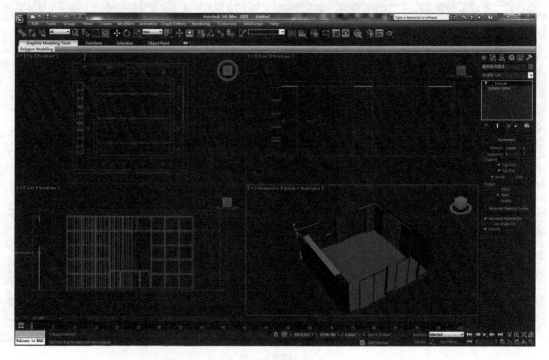

图3.1-19

6. 吊顶的制作

(1) 用Rectangle【矩形】工具在顶视图根据吊顶形状绘制3个矩形路径，使用Editable Spline【可编辑样条线】中的Attach【附加】工具将外圈的两个矩形合并成一个对象，分别点选两个图形，选择Extrude【挤出】，输入值200，将生成的对象放置在2600的高度，如图3.1-20所示。

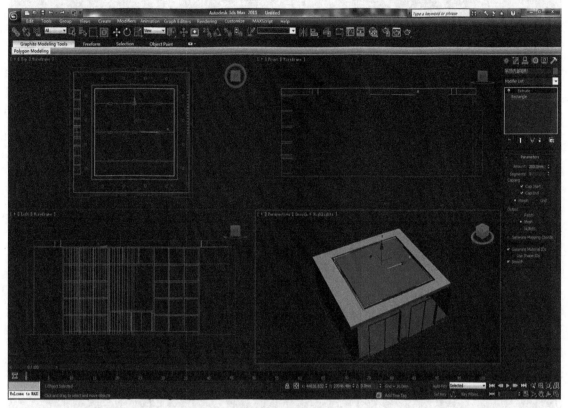

图3.1-20

(2) 用Rectangle【矩形】工具在顶视图中根据吊顶上装饰条的形状绘制9个细长的矩形路径，使用Editable Spline【可编辑样条线】中的Attach【附加】工具将矩形合并成一个对象，选择Extrude【挤出】，输入值20，将生成的对象放置在吊顶的表面，如图3.1-21所示。

7. 摄像机制作

绘制菜单栏中选择Camera【摄像机】，在顶视图中绘制Target【目标摄像机】，调整摄像机广角、方向、位置。参考参数：【镜头】23.456；勾选【手动剪切】复选框；【近距剪切】3284；【远距剪切】10617。如图3.1-22所示。

另外需要在【渲染设置】对话框中设置输出大小为【宽度】2000【高度】1000，压下【图像纵横比】右侧的锁定按钮，锁定长宽比。同时，在摄像机视图按下Shift+F键打开安全框，如图3.1-23所示。

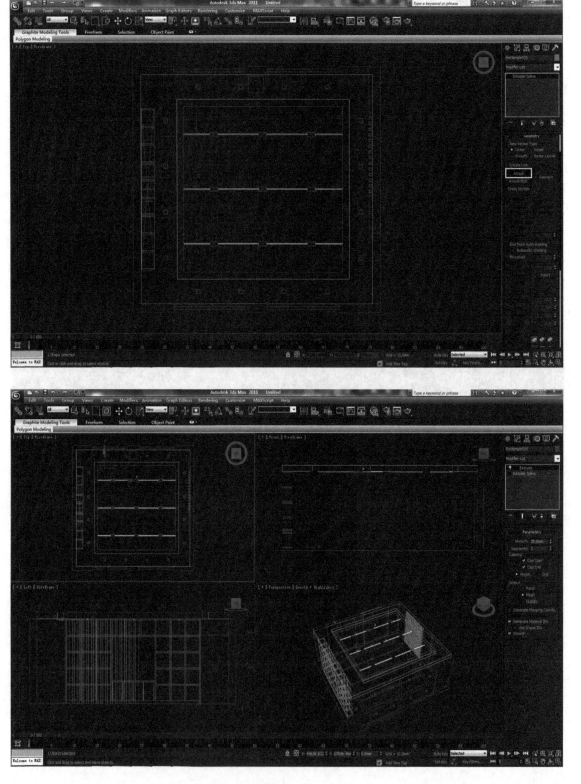

图3.1-21

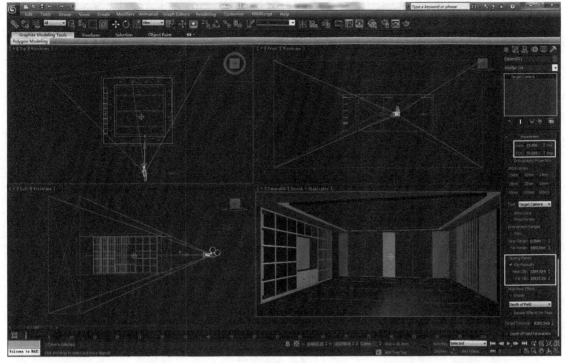

图3.1-22

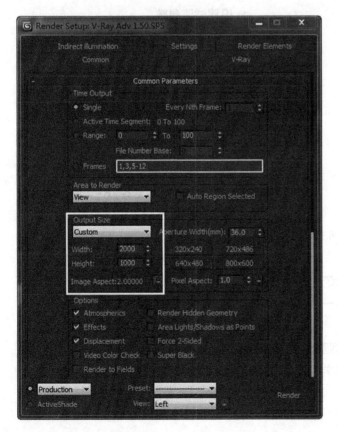

8. 导入家具模型等

单击菜单栏File【文件】，Import【导入】下选择Merge【合并】，选择模型，导入模型，在模型中添加FFD 2*2*2修改器，调整大小及位置，如图3.1-24所示。

图3.1-23

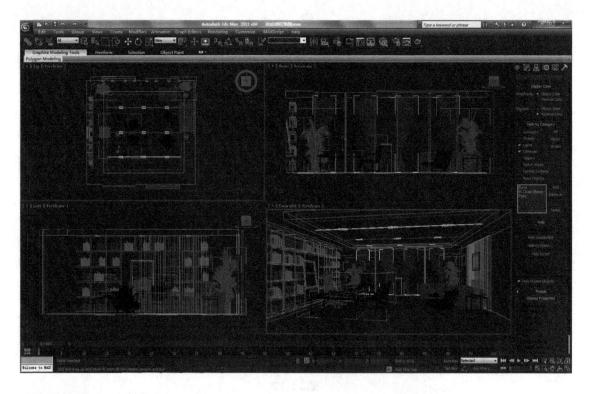

二、为场景布置灯光

1. 设置试渲参数

打开Render Setup【渲染设置】窗口，在Common Parameters【共用参数】选项卡中调整试渲的输出大小；同时，对Settings【设置】、【V-Ray】、Indirect illumination【间接照明】选项卡中的选项进行设置，如图3.1-25所示。

2. 太阳光制作

冻结所有模型，将渲染器改成VRay，在绘制栏里选择VRay灯光，选择VR-太阳，调整灯光位置及灯光参数，如图3.1-26所示。

图3.1-24

3. 主光源制作

（1）VRay灯光里选择VR-光源，捕捉阳光一侧的两个窗口绘制灯光，调整灯光位置及灯光参数，如图3.1-27所示。两盏灯的参数一致。

（2）在摄像机一侧的两个窗子外，创建一盏VR-光源，调整灯光位置及灯光参数，如图3.1-28所示。

4. 装饰光源制作

（1）根据吊顶造型创建4盏VR-光源，调整灯光位置及参数，如图3.1-29所示。

（2）在书柜装饰画上方创建一盏【光度学】下的【目标灯光】，调整灯光位置及参数，如图3.1-30所示。

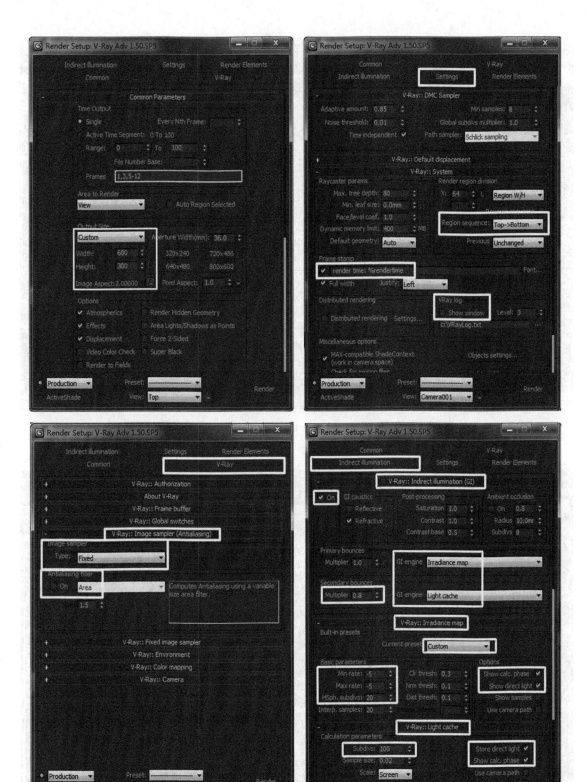

图3.1-25

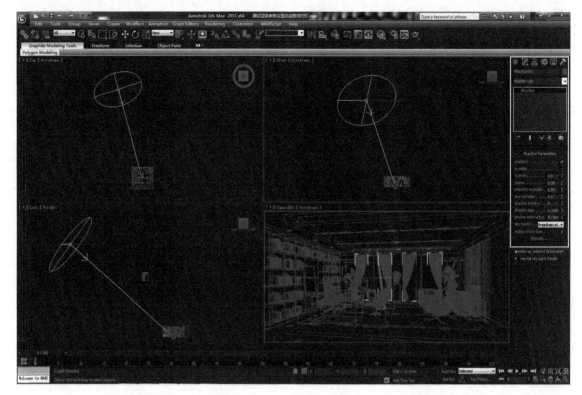

图3.1-26

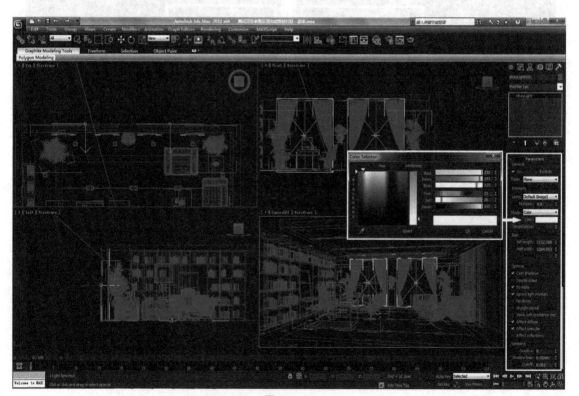

图3.1-27

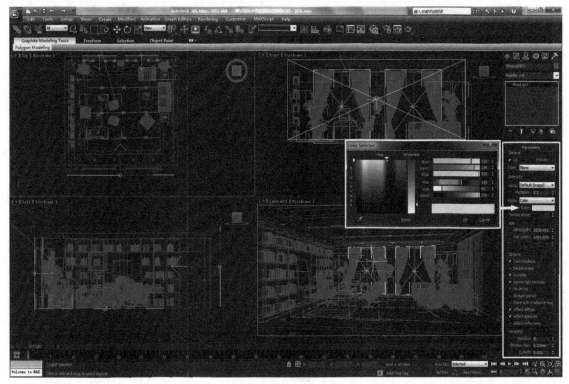

图3.1-28

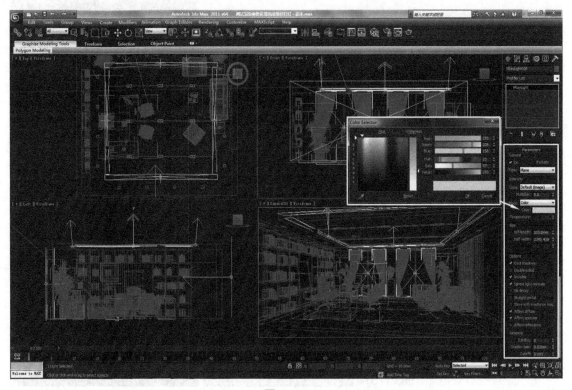

图3.1-29

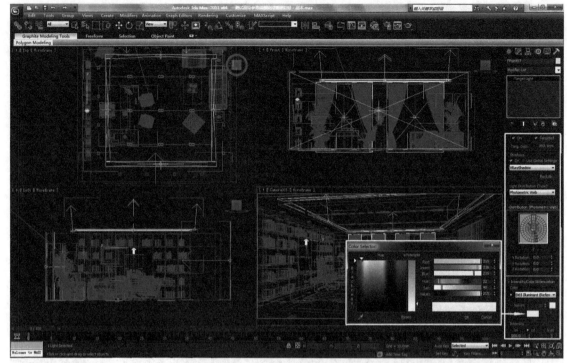

图3.1-30

三、场景主体材质制作

隐藏灯光,取消模型冻结,调整材质球数量。

1. 白乳胶

如图3.1-31所示。将材质指定给"墙体""吊顶外框""吊顶内部矩形部分"。

图3.1-31

2. 木饰面墙体

在这里,材质类型使用VRayOverrideMtl,如图3.1-32所示。将材质指定给"柜体两侧装饰墙""会客区两侧装饰墙""窗旁装饰墙体"。

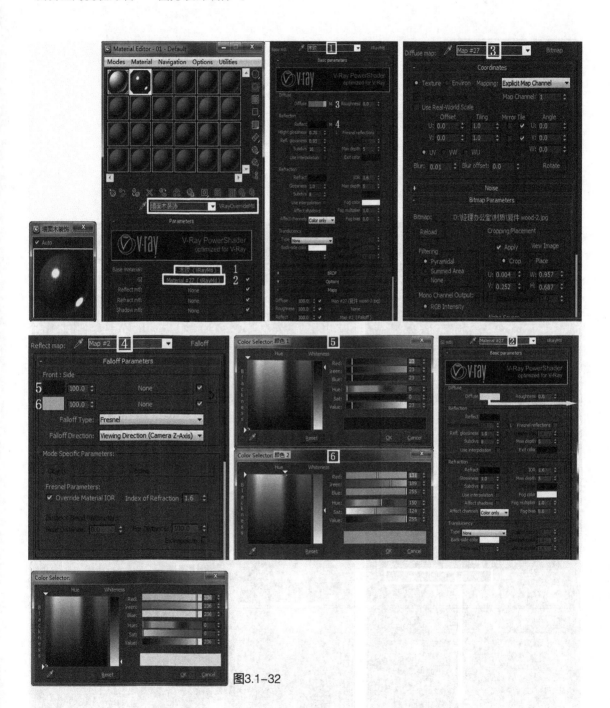

图3.1-32

3.地毯

如图3.1-33所示,将材质指定给"地板"。

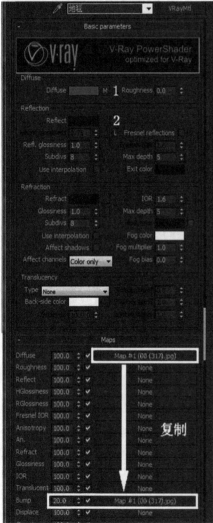

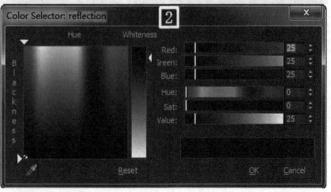

图3.1-33

4.柜体材质

如图3.1-34所示,将材质指定给"柜体""会客区装饰竖条"。并给予合适的UVW贴图。

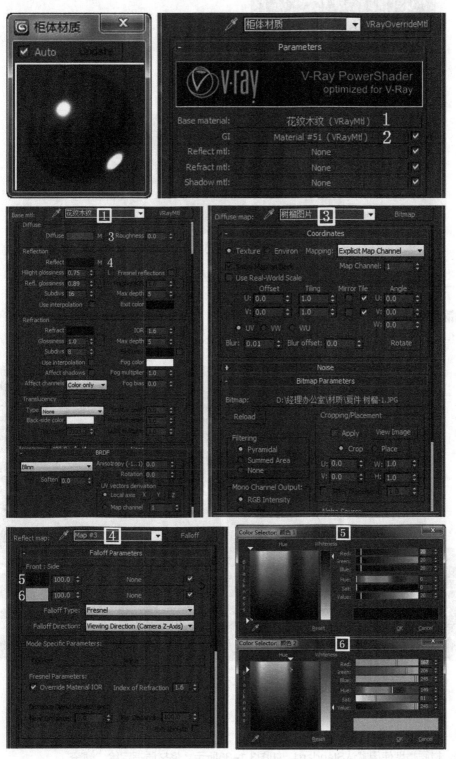

图3.1-34

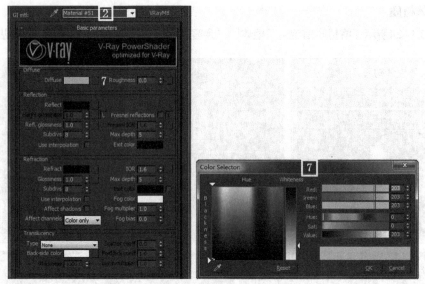

图3.1-34（续）

5.不锈钢材质

如图3.1-35所示，将材质指定给"吊顶不锈钢装饰条"。

图3.1-35

6.窗帘

在这里，材质类型使用默认Standard，如图3.1-36所示。将材质指定给"窗帘"。

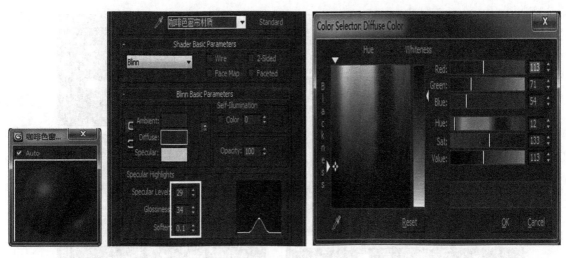

图3.1-36

7.办公桌木材质

如图3.1-37所示。

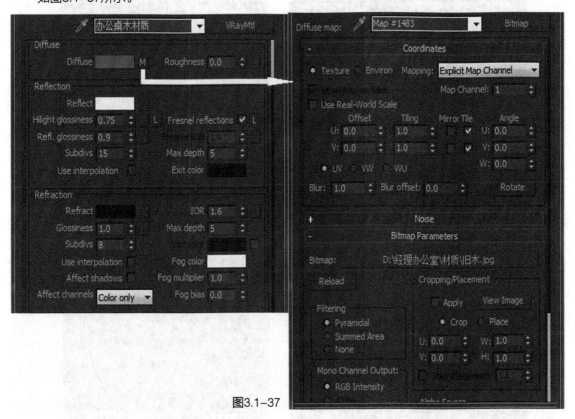

图3.1-37

8.沙发皮材质

如图3.1-38所示。

至此，场景中主要部分的材质调节完毕，场景中其他几处材质的调节方法与上面调节材质的方法类似。

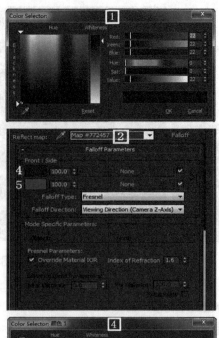
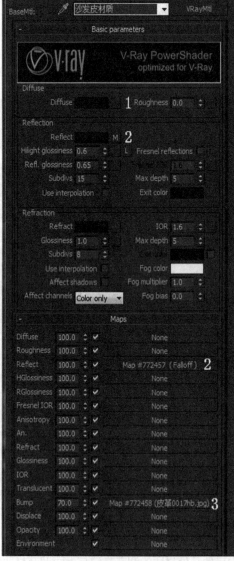
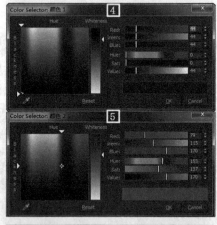

图3.1-38

四、渲染输出

1. 输出光子图

(1) 打开Render Setup【渲染设置】窗口，在Common Parameters【共用参数】选项卡中调整光子图的输出大小，这里输出2000点的成品图，所以这里将Width【宽度】设置为800，Hight【高度】设置为400即可，如图3.1–39所示。

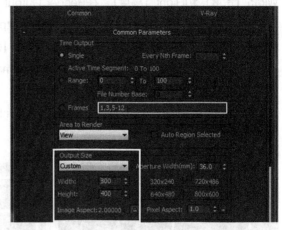

图3.1–39

(2) 接下来，对光子图的品质进行设置。打开Indirect illumination【间接照明】选项卡，对V–Ray::Indirect illumination（GI）【VRay::间接照明（GI）】卷展栏中的Primary bounces【首次反弹】和Secondary bounces【二次反弹】进行设置；设置V-Ray::Irradiance map【V-Ray::发光图】卷展栏中的Min rate【最小比率】、Max rate【最大比率】、HSph.subdivs【半球细分】、Interp.samples【插值采样】进行设置，并勾选On render end【在渲染结束后】栏中的Auto save【自动保存】和Switch to saved map【切换到保存的贴图】选项，注意要设置Auto save【自动保存】后的保存路径；设置V-Ray::Light cache【V-Ray::灯光缓存】卷展栏中的Subdivs【细分】值，勾选On render end【在渲染结束后】栏中的Auto save【自动保存】和Switch to saved cache【切换到保存的缓存】选项，同样要设置Auto save【自动保存】后的保存路径，如图3.1–40所示。

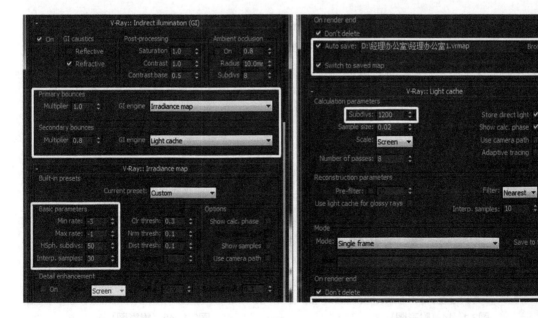

图3.1–40

2.输出成图

(1) 打开Render Setup【渲染设置】窗口,在Common Parameters 【共用参数】选项卡中的Width【宽度】和Hight【高度】,在Render Output【渲染输出】栏中,勾选Save File【保存文件】选项。单击File【文件】按钮,在弹出的Render Output File【渲染输出文件】窗口中,指定一个保存路径,并命好名字,图像保存类型为tga格式,单击【确定】按钮,设置完毕,如图3.1-41所示。

(2) 切换到【V-Ray】选项卡,对V-Ray:: Image sampler(Antialiasing)【V-Ray:: 图像采样器(抗锯齿)】进行设置,如图3.1-42所示。

(3) 切换到Settings【设置】选项卡,V-Ray::DMC Sampler对【V-Ray::确定性蒙特卡洛采样器】进行设置,如图3.1-43所示。

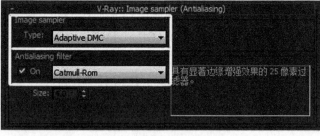

图3.1-42

图3.1-41　　　　　　　　　　　　　　　图3.1-43

为了保证成品图的画面品质,将场景中所有灯光的细分值提高。

单击Render【渲染】按钮进行渲染,得到"经理办公室.tga"的渲染图,如图3.1-44所示。

(4) 最后,将Max文件另存一份,删除场景里的所有灯光。在MAXScript【MAX脚本】菜单下Run Script【运行脚本】,运行"本强强"插件,把场景材质全部转换成自发光材质,渲染输出,保存为"经理办公室分色通道图", 如图3.1-45所示。

图3.1-44(附彩图)　　　　　　　　　　图3.1-45(附彩图)

五、后期处理

1.整体调整

（1）在Photoshop中打开渲染好的"经理办公室.tga"文件和分色通道图。

（2）按住Shift键将分色通道图拖拽到渲染图中，使其与渲染图完全重合。选择背景图层，按Ctrl+J键将其复制出一层，移到分色通道图层的上面，如图3.1-46所示。

（3）观察场景效果，发现颜色有些偏灰偏暗，所以按Ctrl+Shift+L键，自动色阶，调整画面的黑白灰的关系；然后，按Ctrl+M键打开【曲线】窗口，整体调亮画面，如图3.1-47所示。

图3.1-46　　　　　　　　　　　图3.1-47

（4）按Ctrl+B键打开【色彩平衡】窗口，首先选择【色彩平衡】中的【高光】选项，对其高光的色彩平衡进行调整；再选择【阴影】，对其阴影的色彩平衡进行调整，如图3.1-48所示。

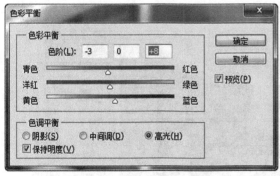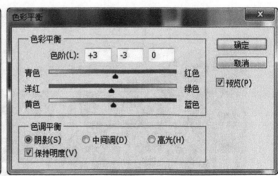

图3.1-48

2.局部调整

（1）接下来，进入局部修改，利用"分色通道图"将场景中的吊顶选中，选择背景副本图层，按Ctrl+J键将其复制粘贴到一个新的图层中，保证该图层处于选中状态，按Ctrl+M键，对其调整，亮部加亮，暗部压暗，如图3.1-49所示。

图3.1-49（附彩图）

（2）利用"分色通道图"将场景中的地面选中，选择背景副本图层，按Ctrl+J键将其复制粘贴到一个新的图层中，保证该图层处于选中状态，按Ctrl+L键、Ctrl+M键，对其调整，让地面明暗对比更加分明。

（3）使用前面相同的方法，将写字桌部分选择出来，并复制粘贴到一个新的图层中，按Ctrl+U键，降低饱和度；按Ctrl+M键，调整其明暗对比，使其纹理更加真实自然。

（4）同样利用"分色通道图"将场景中会客沙发部分选择出来，并复制粘贴到一个新的图层中，按Ctrl+M键，调整其明暗对比。

（5）另外，还需要对其他局部的细节进行调整，例如书柜、窗帘、植物等，调节方法与前面相同。

（6）对于窗外风景，使用Ctrl+A键、Ctrl+C键拷贝整个风景图片后，在"经理办公室.tga"文件通道中调出窗子部分选区，使用【编辑】【粘贴入】命令，将图片放入窗子中，调整合适位置及大小。为了增加画面空间的纵深感，对于远处的窗外背景，使用Ctrl+U键，降低饱和度，提高明度，使其偏灰偏白；选择【滤镜】菜单里的"高斯模糊"，使其微微模糊，如图3.1-50所示。

图3.1-50（附彩图）

（7）在画面近景，调入"植物配景"，调整其大小、亮度最大，目的是处理左侧画面的单调问题，淡化边缘图像，如图3.1-51所示。

图3.1-51（附彩图）

3.再次整体调整

（1）放置好植物之后，按Ctrl+Shift+Alt+E键做一个盖印；在此基础之上，按Ctrl+M键，对画面整体的明暗层次进行调整，使其结构更加清晰。

（2）对画面进行锐化处理：复制最上层，执行【滤镜】【其他】【高反差保留】命令，然后，调整图层混合模式为"柔光"模式，降低"不透明度"。最终完成效果，如图3.1-52所示。

（3）最后，执行【文件】【存储为】命令，将图片保存，分别存成psd格式与jpg格式。

图3.1-52（见彩图3.1-1）

作品展示与点评

采用多元评价体系,即教师评价学生、学生自我评价和相互评价。充分发挥学生自我评价和相互评价的作用,让学生在评价过程中,通过观赏别人的作品,提升自身的鉴赏水平,提高交流表达的能力,增强学生的成就感,同时也认识到自己的不足之处。

根据学生的作品进行考核评分(满分 100 分)

序号	考核项目	满分	考核标准	得分	考核方式
1	建模	25	模型比例合理		作品展示
2	赋材质	20	材质质感真实		作品展示
3	布灯光、渲染	35	灯光布置合理、准确、渲染时间适当		作品展示
4	后期处理	15	色调统一、结构清晰、有光感质感		作品展示
5	答辩	5	回答内容准确、表达清晰、语言简练		口试
	总计得分	100			

思考与练习

1. 思考办公空间的表现手法及制作流程。
2. 请参考本案例的任务文件做一个工作室的练习,要注意小型办公室如何在视觉上扩展空间。

任务 3.2
会议室设计效果图表现

工作任务

任务目标
1. 掌握会议室空间的特征与材质的调节。
2. 掌握室外的天光和室内人工光的布置方法,能够正确处理会议室空间的布光要求,根据设计要求为场景布置灯光。
3. 掌握后期处理的方法与技巧,能够利用效果图的直观表现,准确推动"会议室空间"设计方案的实施。
4. 培养学生严谨细致的工作态度。

任务描述
以项目三"办公空间"的"会议室"为设计内容,根据AutoCAD图的数据进行会议室效果图的制作,最终的效果如图3.2-1所示。

图3.2-1(附彩图)

通过观察场景发现，这个会议室属于中型的会议室，它的入光口是两个窗口，主光源是太阳和天光；室内的人工光主要表现为吊顶灯槽、筒灯和墙壁的壁灯。

场景中的材质主要有白乳胶、木材、硬包、地毯和金属等。

制作流程是制作会议室基本场景、布置灯光、制作主体材质、渲染输出和后期处理。

会议室是开会的场所，会议室的设计合理性决定了会议的质量，也直接影响了开会的效率。会议室内的设备比较完备，主要包括投影仪、话筒、扬声器、空调等。会议室空间布局应开阔大气，装修应适度，可用地毯、木材等材质增加温暖感。室内光照要良好，但自然光源要适中，窗户多采用深色窗帘遮挡，此时可多采用人工光源照明。另外可以考虑在室内摆放花卉盆景等清雅物品，增加会议室整体高雅、活泼、融洽的气氛，对促进会议效果很有帮助。

知识准备

一、命令

(1) Import【导入】
(2) Group【成组】
(3) Freeze Selection【冻结】
(4) Extrude【挤出】
(5) Editable Poly【可编辑多边形】
(6) Backface Cull【背面消隐】
(7) Normal【法线翻转】
(8) Detach【分离】
(9) VRayMtl【VR材质】的diffuse【漫反射】
(10) VRayMtl【VR材质】的Reflect【反射】
(11) VRayMtl【VR材质】的Refl.glossiness【反射模糊】
(12) Bump【凹凸】通道贴图
(13) Displace【置换】通道贴图
(14) VRayLight【VR灯光】中的"Plane面光源"
(15) VRaySun【VR太阳】
(16) Photometric lights【光度学】中的"线光源"
(17) Photometric lights【光度学】中的Web【光度学Web】
(18) Photoshop图层模式
(19) Photoshop图层蒙版
(20) Photoshop色阶
(21) Photoshop曲线
(22) Photoshop色相/饱和度

二、技法

(1) VRayMtl【VR材质】，模拟真实材质表现。
(2) Glossiness【模糊】反射的应用，反射通道衰减贴图的使用。
(3) 灯光对画面效果的控制。
(4) 快速蒙版：在后期处理时经常会遇到处理物体渐变退晕效果，那么快速蒙版是个很好的工具，可以方便的选择带有渐变效果的选区。
(5) 添加配景时，要有一定的逻辑顺序，一般从大面积到小面积，从主到次，再到细部。
(6) 空间关系遵循的原则：近大远小，近实远虚，近景暗，远景亮，目的是提升空间的纵深感。
(7) 后期的制作流程：从整体到局部。

任务实施

一、制作会议室基本场景

1.制作会议室墙体

打开AutoCAD软件，打开图纸，整理图纸删除标注和家具，调整比例，图纸保存，如图3.2-2所示。把平面布置图和顶平面图合并后一同保存。

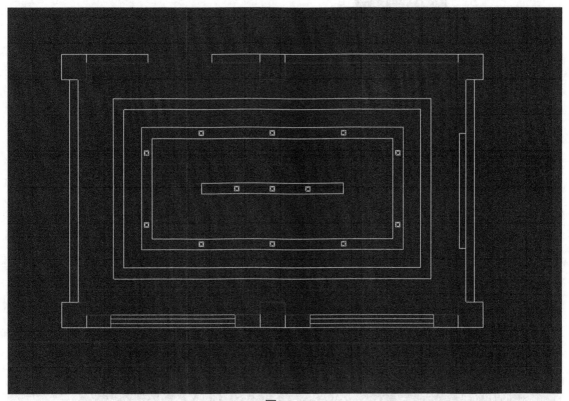

图3.2-2

打开3ds Max 2009软件，设置单位为毫米（mm），单击菜单栏File【文件】，Import【导入】图纸，选择图形，单击菜单栏Group【成组】，将图纸归零，冻结Freeze Selection【冻结】图形，如图3.2-3所示。

打开捕捉，设置捕捉到冻结对象，绘图菜单下选择Line【直线】，顶视图捕捉会议室内墙，注意首尾相接并选择闭合。在窗框和门框处点击生成位置点，以便后面挤出时生成线，如图3.2-4所示。

在修改面板下选择Extrude【挤出】，输入数值3500，命名为墙体，如图3.2-5所示。

选择图形，鼠标右键塌陷成Editable Poly【可编辑多边形】，鼠标右键Object Properties【对象属性】，勾选Backface Cull【背面消隐】，选择墙体对象，在【可编辑多边形】中选择【元素】子对象选项，选中墙体所有面，点击下方的Flip【翻转】，如图3.2-6所示。

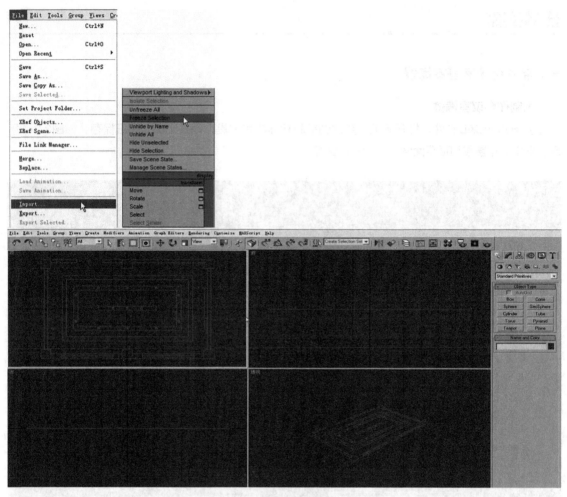

图3.2-3

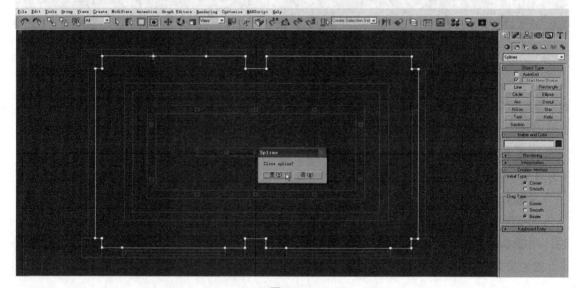

图3.2-4

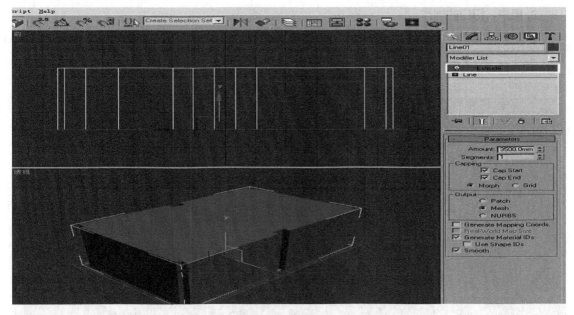

图3.2-5

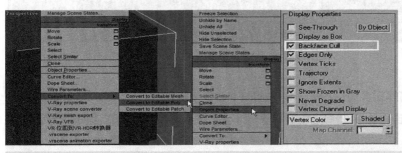

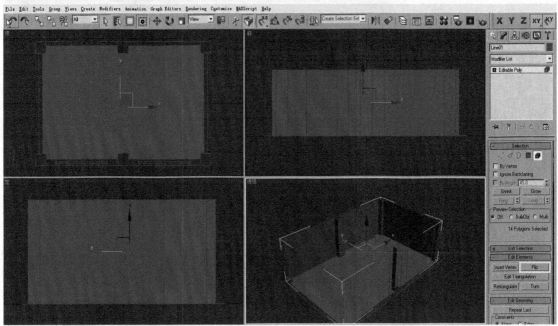

图3.2-6

2. 窗户、门口的制作

（1）在Editable Poly【可编辑多边形】子层集下选择Edge【边】，选择Connect【连接】，连接边数2，按平面图调整窗口的位置，如图3.2-7所示。

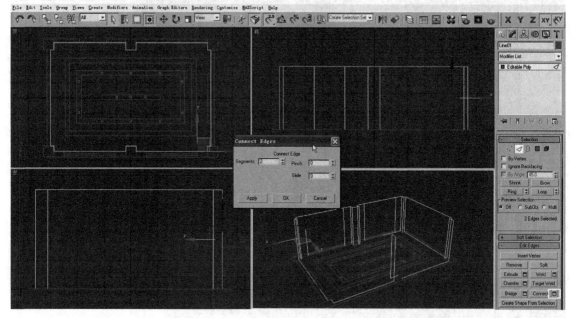

图3.2-7

（2）在Editable Poly【可编辑多边形】子层集下选择Polygon【面】，勾选Ignore Backfacing【忽略背面】，点选窗口图形，在操作栏下选择Extrude【挤出】，输入值-360，删除面，完成另一个窗户，如图3.2-8所示。

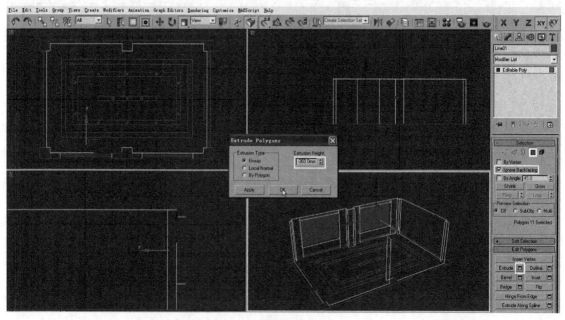

图3.2-8

（3）使用Rectangle【矩形】工具，在前视图下，捕捉窗口绘制矩形，选择矩形转换成Editable Spline【可编辑样条线】，子层集下选择Spline【样条线】，操作栏下选择Outline【轮廓】，输入值40；通过Editable Spline【可编辑样条线】的操作，制作出窗框中间竖条，如图3.2-9所示；在修改面板下选择Extrude【挤出】，输入数值40，完成单个窗户的绘制，将窗户复制到另一个窗洞，调整窗户位置，如图3.2-10所示。

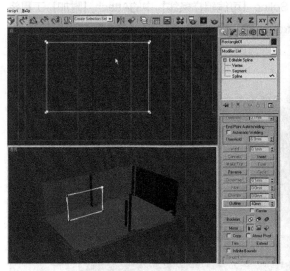
图3.2-9

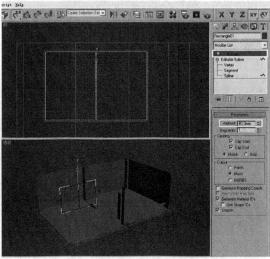
图3.2-10

（4）调整角度选择门所在的墙体，在Editable Poly【可编辑多边形】子层集下选择Edge【边】，选择Connect【连接】，连接边数1，按平面图调整门口的位置，在Editable Poly【可编辑多边形】子层集下选择Polygon【面】，点选门框图形，操作栏下选择Extrude【挤出】，输入值-240，门口制作完成，如图3.2-11所示。

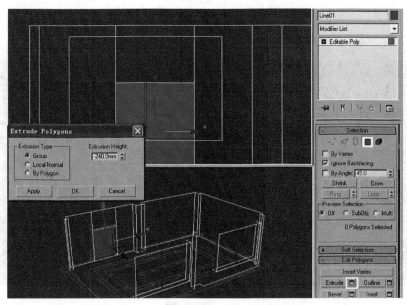
图3.2-11

项目3 办公空间设计计算机效果图表现 ■ 169

3.吊顶的制作

（1）乳胶漆吊顶制作：在Editable Poly【可编辑多边形】下，进入子层集Edge【边】，框选选中墙体最顶部的一圈边，在卷展栏Edit edges【编辑边】里点击Create Shape from Selection【利用所选内容创建图形】，在弹出对话框里命名为吊顶，选择图形类型为Linear【线性】，并确定，如图3.2-12所示。用Rectangle【矩形】工具，在顶视图上捕捉乳胶漆吊顶的各个边框，依次绘制出5个矩形，移动到房顶位置。选择之前创建的图形吊顶，运用Edit Spline【可编辑样条线】中的Attach【附加】工具将其和5个矩形附加成为一个对象，用修改器里的Extrude【挤出】，输入值-250，完成乳胶漆吊顶制作，如图3.2-13所示。

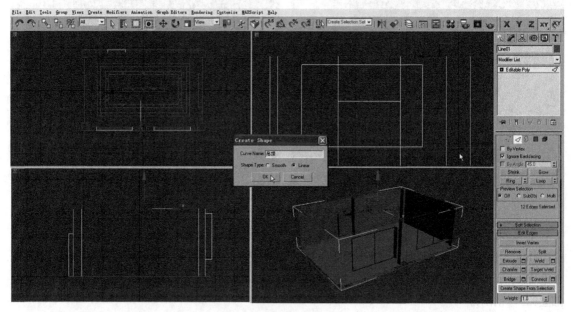

图3.2-12

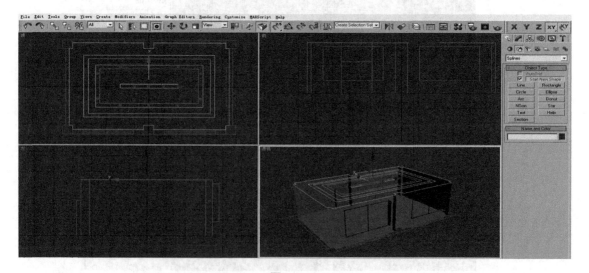

图3.2-13

（2）吊顶木框制作：用Rectangle【矩形】工具，在顶视图上捕捉吊顶木框的各个边框，依次绘制出3个矩形，选中其中一个鼠标右键单击，选择Convert to Editable Spline【转换为可编辑样条线】，运用Editable Spline【可编辑样条线】中的Attach【附加】工具将其和其余两个矩形附加成为一个对象，命名为吊顶木框。用修改器里的Extrude【挤出】，输入值150，移动到房顶位置，完成吊顶木框制作，如图3.2-14所示。

4.包柱的制作

在透视图上创建一个Box【长方体】，尺寸和分数段设置如图3.2-15所示。鼠标右键转换成Editable Poly【可编辑多边形】，在子层级下选择Polygon【面】，在长方体的前、左、右方向上分别隔面选择，如图3.2-16所示。在Edit Polygons【编辑多边形】卷展栏里应用Extrude【挤出】，输入数值20。将其进行实例复制，共有6个包柱，分别移动到柱子的位置，如图3.2-17所示。

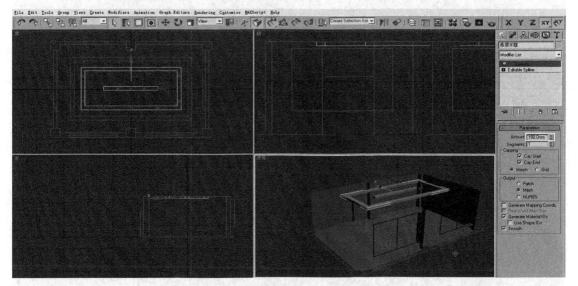

图3.2-14

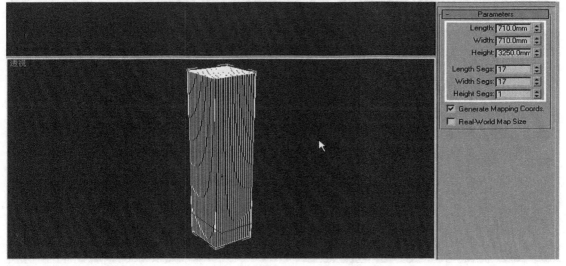

图3.2-15

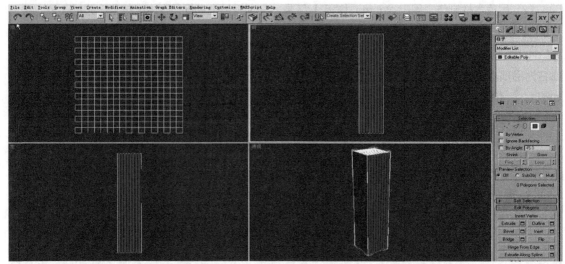

图3.2-16

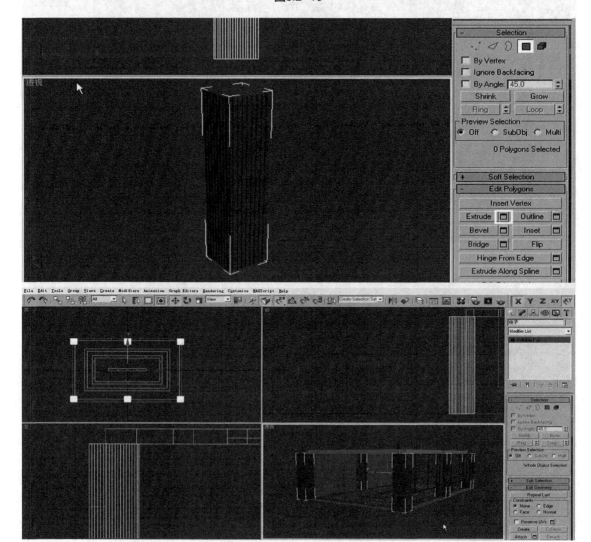

图3.2-17

5. 墙体的分离

为了接下来方便赋材质，把墙体的各个部分进行分离，在Editable Poly【可编辑多边形】子层级下选择Polygon【面】，选中地面，在Edit Geometry【编辑几何体】卷展栏里应用Detach【分离】，将地面分离，命名为地面，如图3.2-18所示。同理选中背景墙，分离并命名为背景墙，如图3.2-19所示。再选中屋顶以及窗框部分，分离并命名为乳胶漆，如图3.2-20所示。

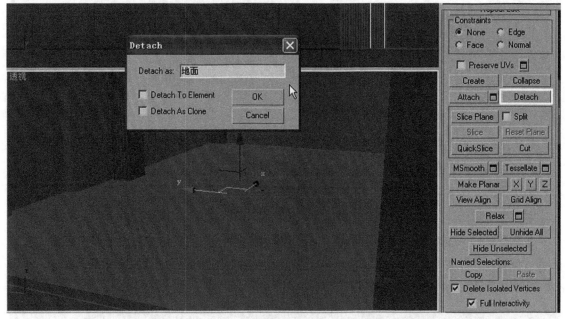

图3.2-18

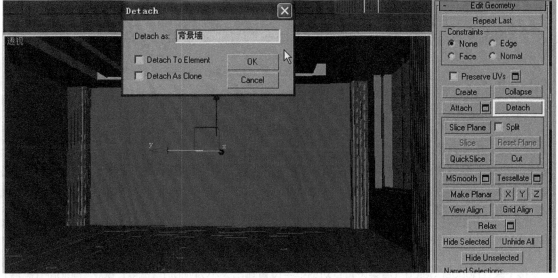

图3.2-19

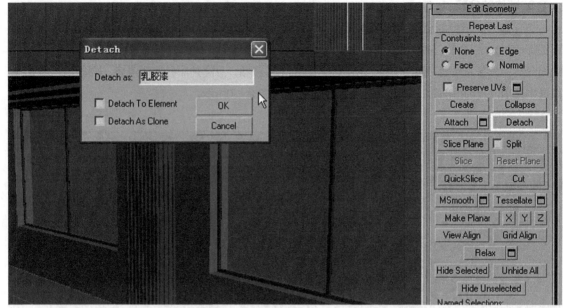

图3.2-20

6.摄像机制作

绘制菜单栏中选择Camera【摄像机】,在顶视图中绘制Target【目标摄像机】,调整摄像机广角、方向、位置。参考参数:Lens【镜头】34.0;勾选Clipping Planes【手动剪切】复选框;Near Clip【近距剪切】3570;Far Clip【远距剪切】16000,如图3.2-21所示。

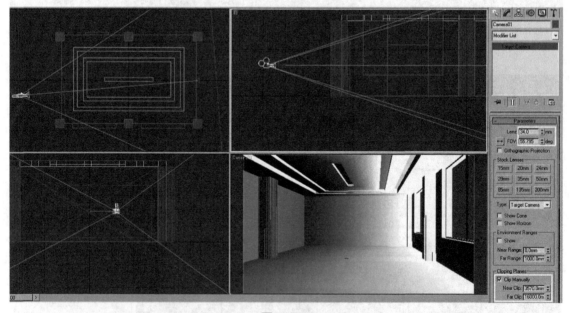

图3.2-21

接下来在Render Setup【渲染设置】对话框中设置输出大小为Width【宽度】600,Height【高度】360,压下Image Aspect【图像纵横比】右侧的锁定按钮,锁定长宽比。同时,在摄像机视图中打开安全框,如图3.2-22所示。

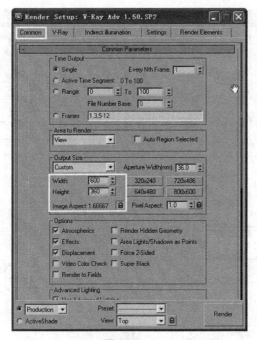

图3.2-22

7.导入家具模型

单击菜单栏File【文件】，Import【导入】下选择Merge【合并】，选择模型，导入模型，调整模型大小及位置，如图3.2-23所示。

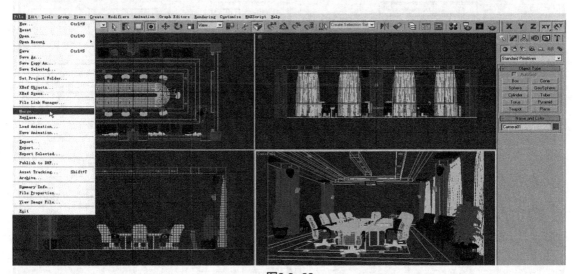

图3.2-23

二、为场景布置灯光

1.设置试渲参数

打开Render Setup【渲染设置】窗口，在Common Parameters【公用参数】选项卡中调整试渲的输出大小；同时，对Settings【设置】、【V-Ray】、Indirect illumination【间接照明】选项卡中的选项进行设置，如图3.2-24所示。

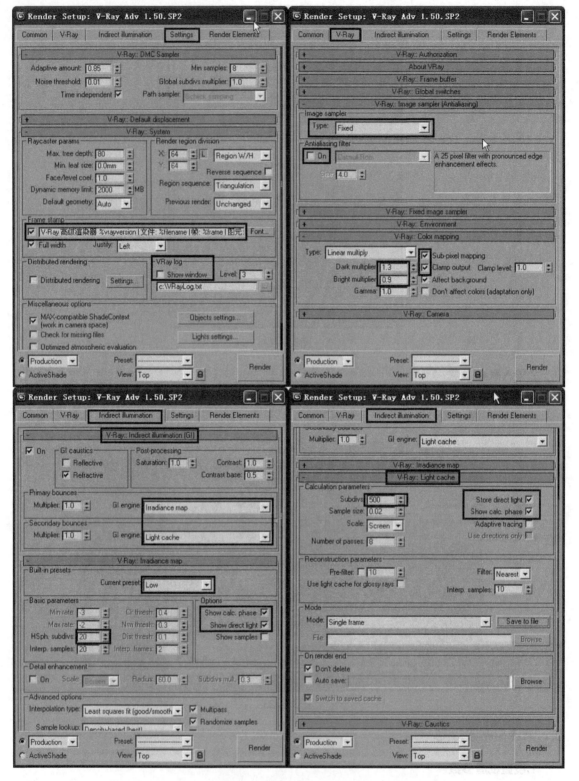

图3.2-24

2.太阳光制作

冻结所有模型,将渲染器改成VRay,在绘制栏里选择VRay灯光,选择VR-太阳并按照图3.2-25的位置创建。弹出对话框显示是否添加VR天空环境贴图,选择"是"以提高场景亮度,按照图3.2-25调整太阳光参数。

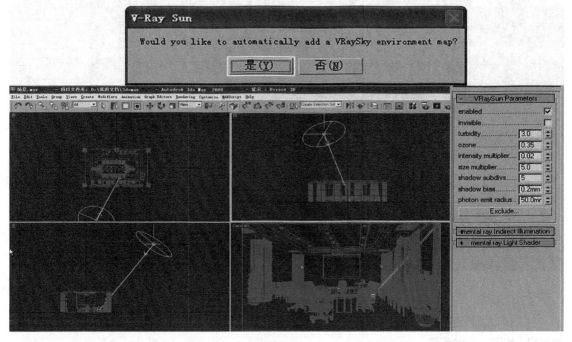

图3.2-25

点击VR太阳参数面板中的Exclude【排除】选项,进入排除面板,将两个窗帘的照明和投射阴影排除,以增大入光口的面积,如图3.2-26所示。

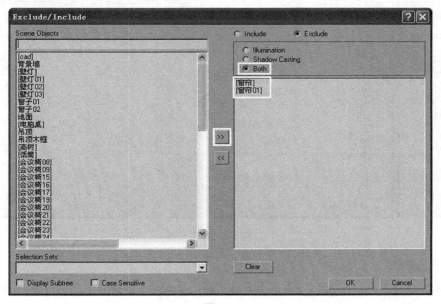

图3.2-26

3.主光源制作

在VRay灯光里选择VR-光源,捕捉两个窗口绘制灯光,调整灯光位置及灯光参数,如图3.2-27所示。两盏灯的参数一致。

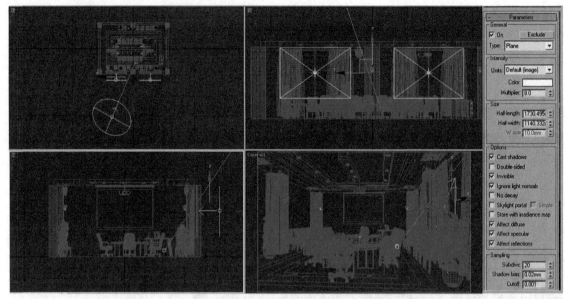

图3.2-27

点击VR太阳参数面板中的排除选项,进入排除面板,将两个窗帘的投射阴影排除,以增大入光口的面积,如图3.2-28所示。

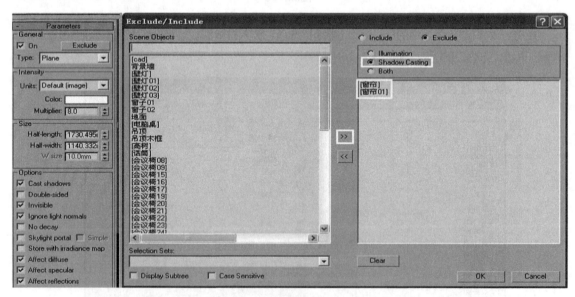

图3.2-28

4.装饰光源制作

(1)吊顶灯带的制作:在吊顶灯槽的位置创建4盏Photometric【光度学】下的Free Light【自由灯光】,参数设置如图3.2-29所示。

图3.2-29

(2) 筒灯灯光的制作：创建Photometric【光度学】下的Free Light【自由灯光】，灯光分布类型选择Web【光度学Web】，参数设置如图3.2-30所示。

图3.2-30

用实例复制的方式将其逐个复制并放置到装有筒灯的位置，注意靠窗的3个筒灯和靠近摄像机的两个筒灯不要放置灯光。

（3）背景墙壁灯的制作：创建Photometric【光度学】下的Free Light【自由灯光】，灯光分布类型选择Web【光度学Web】，参数设置如图3.2-31所示。用实例复制的方式将其复制并放置到背景墙屏幕两侧，注意稍微旋转灯光的方向使其稍向墙壁照射。

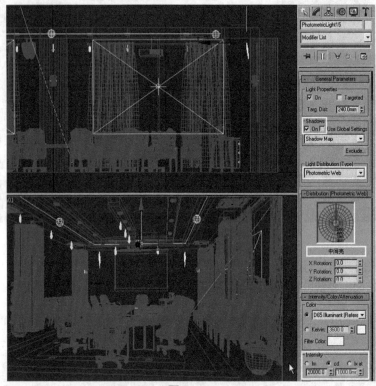

图3.2-31

三、场景主体材质制作

隐藏灯光，取消模型冻结，调整材质球数量。

1. 白色乳胶漆材质

将材质指定给名为"吊顶""乳胶漆"的对象，如图3.2-32所示。

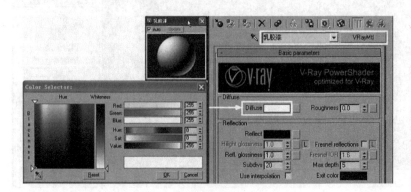

图3.2-32

2.包柱材质

将材质指定给名为"柱子"的对象,如图3.2-33所示。

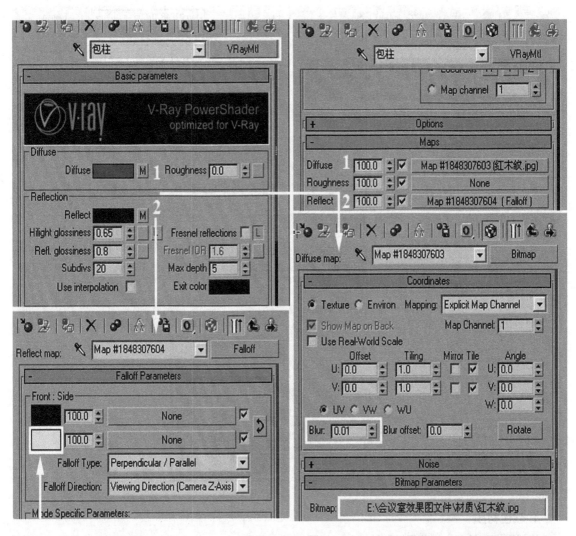

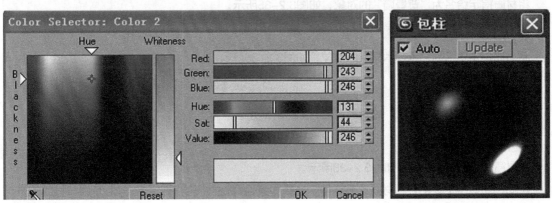

图3.2-33

3. 墙面生态木材质

将材质指定给名为"墙面"的对象，如图3.2-34所示。

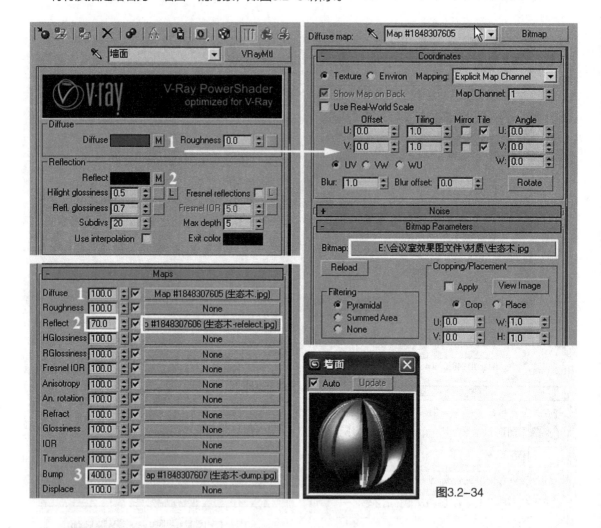

图3.2-34

4. 软包材质

将材质指定给名为"背景墙"的对象，如图3.2-35所示。

5. 吊顶木材质

将材质指定给名为"吊顶木框"的对象，如图3.2-36所示。

6. 地毯材质

将材质指定给名为"地面"的对象，如图3.2-37所示。

7. 不锈钢材质

将材质指定给两扇窗子，如图3.2-38所示。

至此，场景中主要部分的材质调节完毕，场景中其他几处材质的调节方法与上面调节材质的方法类似。

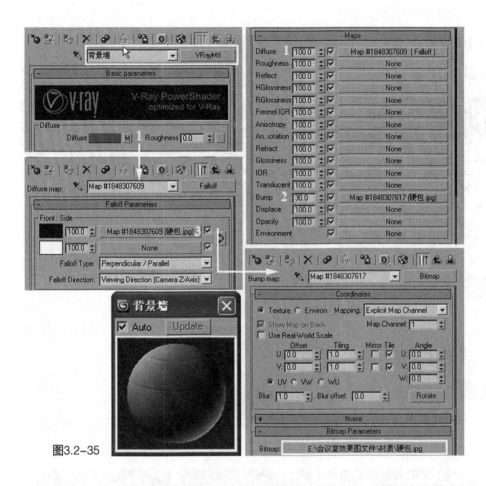

图3.2-35

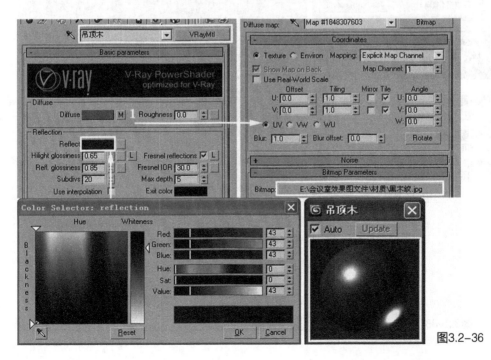

图3.2-36

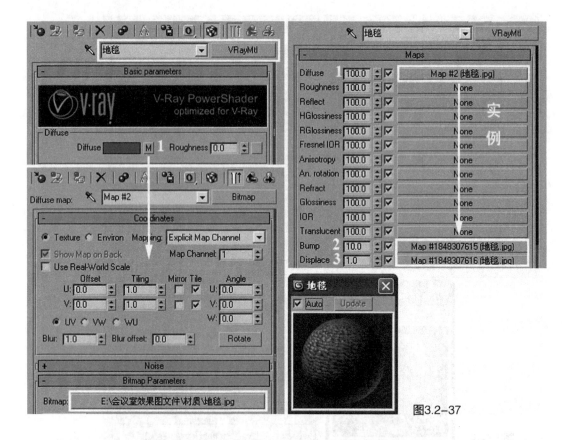

图3.2-37

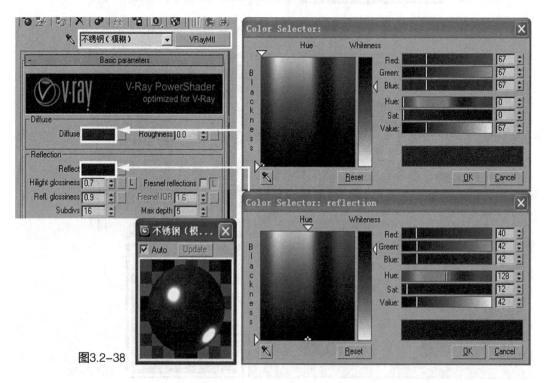

图3.2-38

四、渲染输出

1.输出光子图

（1）打开Render Setup【渲染设置】窗口，在Common Parameters【公用参数】选项卡中调整光子图的输出大小，这里输出2000点的成品图，所以这里将Width【宽度】设置为800，Height【高度】设置为480即可。打开【V-Ray】选项卡，在V-Ray:: Global Switches【V-Ray:: 全局开关】卷展栏里勾选Don't render final image 不渲染最终的图像，如图3.2-39所示。

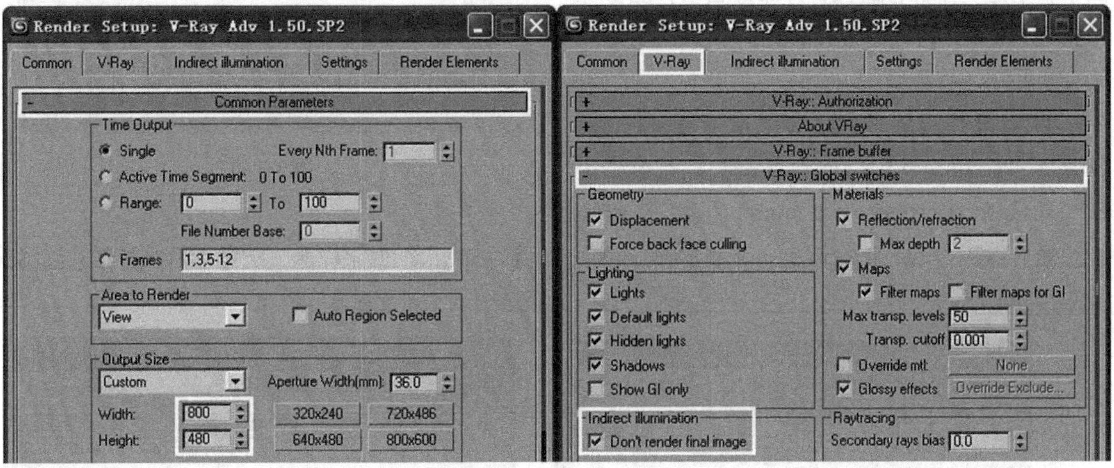

图3.2-39

（2）接下来，对光子图的品质进行设置。

打开Indirect illumination【间接照明】选项卡，对V-Ray:: Indirect illumination（GI）【VRay:: 间接照明（GI）】卷展栏中的Primary bounces【首次反弹】和Secondary bounces【二次反弹】进行设置；设置V-Ray:: Irradiance map【V-Ray:: 发光图】卷展栏中的Min rate【最小比率】、Max rate【最大比率】、HSph.subdivs【半球细分】、Interp. samples【插值采样】进行设置，并勾选On render end【在渲染结束后】栏中的Auto save【自动保存】和Switch to saved map【切换到保存的贴图】选项，注意要设置Auto save【自动保存】后的保存路径，如图3.2-40所示。

设置V-Ray:: Light cache【V-Ray:: 灯光缓存】卷展栏中的Subdivs【细分】值，勾选On render end【在渲染结束后】栏中的Auto save【自动保存】和Switch to saved Cache【切换到保存的缓存】选项，同样要设置Auto save【自动保存】后的保存路径，如图3.2-41所示。

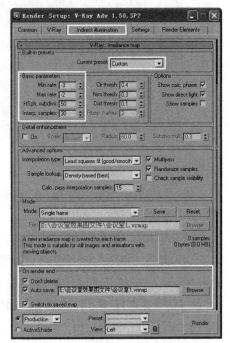

图3.2-40

2.输出成图

（1）打开Render Setup【渲染设置】窗口，在Common Parameters【公用参数】选项卡中的Width【宽度】和Height【高度】输入图片像素，在Render Output【渲染输出】栏中，勾选Save File【保存文件】选项，单击Files【文件】按钮，在弹出的Render Output File【渲染输出文件】窗口中，指定一个保存路径，并命好名字，图像保存类型为tga格式，单击【确定】按钮，设置完毕，如图3.2-42所示。

（2）打开【V-Ray】选项卡，在V-Ray:: Global Switches【V-Ray:: 全局开关】卷展栏里取消勾选Don't render final image【不渲染最终的图像】，对V-Ray:: Image sampler (Antialiasing) 【V-Ray:: 图像采样器（抗锯齿）】进行设置，如图3.2-43所示。

图3.2-41

图3.2-42　　　　　　　　　图3.2-43

（3）切换到Settings【设置】选项卡，V-Ray:: DMC Sampler对【V-Ray:: 确定性蒙特卡洛采样器】进行设置，如图3.2-44所示。

单击Render【渲染】按钮进行渲染，得到"会议室.tga"的渲染图，如图3.2-45所示。

（4）最后，将Max文件另存一份，删除场景里的所有灯光。在MAXScript【MAX脚本】菜单下Run Script【运行脚本】，运行"本强强"插件，把场景材质全部转换成自发光材质，渲染输出，保存为"会议室分色通道图"，如图3.2-46所示。

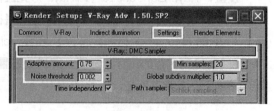

图3.2-44

图3.2-45（附彩图）　　　　　　　　　　　图3.2-46（附彩图）

五、后期处理

1.整体调整

（1）在Photoshop中打开渲染好的"会议室.tga"文件和分色通道图。

（2）按住Shift键将分色通道图拖拽到渲染图中，使其与渲染图完全重合。选择背景图层，按Ctrl+J键将其复制出来一层，移到分色通道图层的上面，如图3.2-47所示。

（3）观察场景效果，发现颜色有些偏灰偏暗，按Ctrl+Shift+L键，自动色阶，调整画面的黑白灰的关系；然后，按Ctrl+M键打开【曲线】窗口，整体调亮画面，如图3.2-47所示。

（4）观察到窗口亮部偏红，按Ctrl+B键打开【色彩平衡】窗口，首先选择【色彩平衡】中的【高光】选项，对其高光的色彩平衡进行调整，如图3.2-48所示。

2.局部调整

（1）进入局部修改，观察到吊顶亮部过亮，暗部过暗，利用"分色通道图"将场景中的吊顶选中，选择背景副本图层，按Ctrl+J键将其复制粘贴到一个新的图层中，保证该图层处于选中状态，按Ctrl+L键，对其色阶进行调整，亮部降下来，暗部提亮，如图3.2-49所示。

（2）利用"分色通道图"将场景中的地面选中，选择背景副本图层，按Ctrl+J键将其复制粘贴到一个新的图层中，保证该图层处于选中状态，按Ctrl+M键，对其调整，让地面更加明亮。

（3）使用前面相同的方法，将会议桌部分选择出来，并复制粘贴到一个新的图层中，按Ctrl+M键，调整其明暗对比，使其更加真实自然。

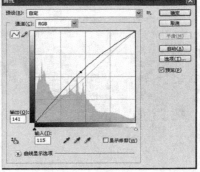
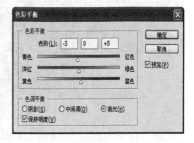

图3.2-47　　　　　　　　　　　　　　　图3.2-48

图3.2-49（附彩图）

(4) 另外，还需要对其他局部的细节进行调整，例如植物、空调等，调节方法与前面相同。

(5) 对于窗外风景，使用Ctrl+A键、Ctrl+C键拷贝整个风景图片后，在"会议室.tga"文件分色通道中调出窗子部分选区，使用【编辑】【粘贴入】命令，将图片放入窗子中，调整合适位置及大小。为了增加画面空间的纵深感，对于远处的窗外背景，使用Ctrl+U键，提高明度，使其偏灰偏白；选择【滤镜】菜单里的"高斯模糊"，使其微微模糊，如图3.2-50所示。

(6) 在房顶有筒灯的位置加上闪光效果，选择【滤镜】菜单里的【渲染】面板里的【镜头光晕】，调节亮度和位置，如图3.2-51所示。

3.再次整体调整

(1) 按Ctrl+Shift+Alt+E键做一个盖印，在此基础上，按Ctrl+M键，对画面整体的明暗层次进行调整，使结构更加清晰。

图3.2-50（附彩图）

（2）对画面进行锐化处理：复制最上层，执行【滤镜】【其他】【高反差保留】命令，然后，调整图层混合模式为"柔光"模式，降低"不透明度"。最终完成效果，如图3.2-52所示。

图3.2-51

图3.2-52（见彩图3.2-1）

作品展示与点评

采用多元评价体系，即教师评价学生、学生自我评价和相互评价。充分发挥学生自我评价和相互评价的作用，让学生在评价过程中，通过观赏别人的作品，提升自身的鉴赏水平，提高交流表达的能力，增强学生的成就感，同时也认识到自己的不足之处。

根据学生的作品进行考核评分（满分100分）

序号	考核项目	满分	考核标准	得分	考核方式
1	建模	25	模型比例合理		作品展示
2	赋材质	20	材质质感真实		作品展示
3	布灯光、渲染	35	灯光布置合理、准确、渲染时间适当		作品展示
4	后期处理	15	色调统一、结构清晰、有光感质感		作品展示
5	答辩	5	回答内容准确、表达清晰、语言简练		口试
	总计得分	100			

思考与练习

1. 思考玻璃材质的制作方法。
2. 请参考本案例的任务文件做一个写字楼办公区的练习，要注意大空间中灯光的设置和色彩的表达方法。

参考文献

1. 陈雪杰. 2010. 建筑与室内效果图后期制作[M]. 北京：人民邮电出版社.
2. 刘正旭. 2012. 3ds Max 2012从入门到精通[M]. 北京：科学出版社.
3. 曹茂鹏. 2012. 3ds Max 2012完全自学教程[M]. 北京：人民邮电出版社.
4. 张媛媛. 2013. 3ds Max/VRay/Photoshop室内设计完全学习手册[M]. 北京：中国铁道出版社.
5. 麦伟彬. 2009. 光影传奇——室内空间设计[M]. 北京：海洋出版社.

6. 郑海超，刘聚泽.2010. 3ds Max/VRay印象 室内空间设计与表现技法Ⅱ[M]. 北京：人民邮电出版社.
7. 李运谱，杨立峰.2010. 3DS MAX与室内设计[M]. 北京：北京师范大学出版社.
8. 叶斌，叶猛.2012. 2012室内设计模型集成·办公商业房产空间[M]. 福州： 福建科技出版社.
9. 杨伟. 2011. VRay渲染密码——实战效果对比分析[M]. 北京： 清华大学出版社.
10. 李斌，朱立银. 2012. 3ds Max/VRay印象 室内家装效果图表现技法[M]. 2版. 北京： 人民邮电出版社.
11. 史宇宏，教传艳. 2013. 边用边学3ds Max室内设计[M]. 北京：人民邮电出版社.
12. http：//www.hxsd.com（火星网）
13. http：//www.cool-de.com（室内设计联盟）
14. http：//www.balang88.cn（设计吧廊）

图1.1-1　　　　　　　　　图1.1-32　　　　　　　　　图1.1-33

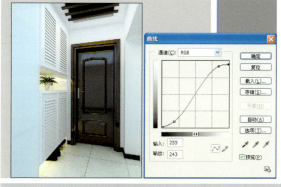 

图1.1-37　　　　　　　　　　　　　　　　图1.1-38

图1.1-39　　　　　　　　　　　　　　　　图1.2-1

图1.2-34

图1.2-35

图1.2-39

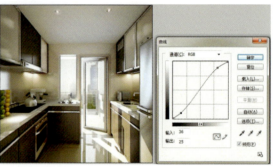

图1.2-40

图1.3-1

图1.3-30

图1.3-31

图1.3-35

图1.3-36

图1.3-37

图1.3-38

图1.4-1

图1.3-40

图1.4-28

图1.4-33

图1.4-34

图1.4-37

图2.1-1

图2.1-28

图2.1-30

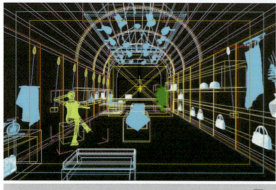

图2.1-32

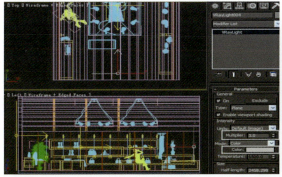 

图2.1-33

图2.1-39　　　　　　　　　　　　　　图2.1-40

图2.1-44

图2.1-45　　　　　　　　　　　　　　图2.1-47

图2.1-49

图2.2-1

图2.2-73

图2.2-78

图3.1-1

图3.1-44

图3.1-45

图3.1-49

图3.1-50

图3.1-51

图3.2-1

图3.2-45

图3.2-46

图3.2-50

图3.2-49